AF275244

COLEX

Disfrute gratuitamente **DURANTE UN AÑO** de los eBook y audiolibros de las obras de Editorial Colex*

⮩ Acceda a la página web de la editorial **www.colex.es**

⮩ Identifíquese con su usuario y contraseña. En caso de no disponer de una cuenta regístrese.

⮩ Acceda en el menú de usuario a la pestaña «Mis códigos» e introduzca el que aparece a continuación:

RASCAR PARA VISUALIZAR EL CÓDIGO

Reclamaciones por vicios ocultos en la compraventa de vehículos de segunda mano

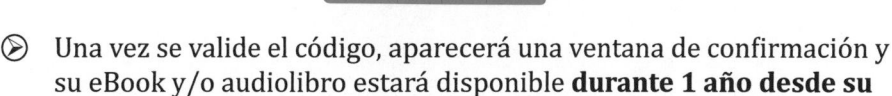

⮩ Una vez se valide el código, aparecerá una ventana de confirmación y su eBook y/o audiolibro estará disponible **durante 1 año desde su activación** en la pestaña «Mis libros» en el menú de usuario.

---

* Los audiolibros están disponibles en las ediciones más recientes de nuestras obras. Se excluyen expresamente las colecciones «Códigos comentados», «Biblioteca digital» y los productos de www.vademecumlegal.es.

No se admitirá la devolución si el código promocional ha sido manipulado y/o utilizado.

¡Gracias por confiar en nosotros!

La obra que acaba de adquirir incluye de forma gratuita la versión electrónica. Acceda a nuestra página web para aprovechar todas las funcionalidades de las que dispone en nuestro lector.

Funcionalidades eBook

Acceso desde cualquier dispositivo con conexión a internet

Idéntica visualización a la edición de papel

Navegación intuitiva

Tamaño del texto adaptable

Síguenos en:

RECLAMACIONES POR VICIOS OCULTOS EN LA COMPRAVENTA DE VEHÍCULOS DE SEGUNDA MANO

Análisis práctico de las posibles reclamaciones al vendedor por los vicios ocultos que puedan aparecer en compraventas de coches de segunda mano

RECLAMACIONES POR VICIOS OCULTOS EN LA COMPRAVENTA DE VEHÍCULOS DE SEGUNDA MANO

Análisis práctico de las posibles reclamaciones al vendedor por los vicios ocultos que puedan aparecer en compraventas de coches de segunda mano

EDICIÓN 2024

Obra realizada por el Departamento de Documentación de Iberley

COLEX 2024

© Editorial Colex, S.L.
Calle Costa Rica, número 5, 3.º B (local comercial)
A Coruña, 15004, A Coruña (Galicia)
info@colex.es
www.colex.es

I. S. B. N.: 978-84-1194-733-6
Depósito legal: C 1657-2024

SUMARIO

ANEXO I.
CASOS PRÁCTICOS

ANEXO II.
FORMULARIOS

0.
INTRODUCCIÓN

Reclamaciones de defectos en la compraventa de vehículos de segunda mano

La responsabilidad civil contractual se define como el deber de reparar los daños y perjuicios que recae sobre la persona que en el cumplimiento de sus obligaciones incurriere en dolo, negligencia o morosidad, o que de cualquier modo contraviniere el tenor de aquellas.

En el caso de la compraventa de bienes de segunda mano esta responsabilidad nace cuando el bien no cumple con las cualidades que se ofrecieron al comprador, pero además debemos tener presente, así mismo, que el vendedor debe responder también por los vicios o defectos ocultos que tuviere el bien, conforme a lo establecido en el art. 1474 del Código Civil.

Con relación a la compraventa de vehículos de segunda mano la responsabilidad del vendedor tendrá diferente regulación en función de que el comprador tenga la consideración de consumidor o usuario y el vendedor sea un empresario o profesional, o que la venta se haga entre particulares:

- En el primer caso, comprador considerado consumidor y vendedor profesional, resultarán de aplicación las disposiciones del texto refundido de la Ley General para la Defensa de Consumidores y Usuarios.

- Si la venta se realiza entre particulares la norma de aplicación es el Código Civil en cuanto a vicios ocultos e incumplimiento del contrato.

El comprador tendrá la condición de consumidor y usuario cuando lo adquiere para uso particular y con un propósito ajeno a una actividad comercial, empresarial, oficio o profesión. Y entenderemos que estamos ante un empresario o profesional cuando su actividad tenga por objeto la compraventa de vehículos. El empresario debe responder ante el consumidor o usuario de cualquier falta de conformidad que exista en el momento de la entrega del vehículo. Si hubiese una falta de conformidad, en virtud de lo dispuesto en el art. 117 del TRLGDCU, el consumidor podrá, mediante una simple declaración, exigir al empresario: la subsanación de la falta de conformidad, la reducción del precio, la resolución del contrato y, en caso de que proceda, indemnización de daños y perjuicios. Para poder apreciar la falta de conformidad del bien es necesario atender a lo señalado en los arts. 115, 115 bis y 115 ter del TRLGDCU en los que se establecen los requisitos subjetivos y objetivos para la conformidad.

En los supuestos de compraventa entre particulares resulta de aplicación el Código Civil señalando el art. 1484 que el vendedor estará obligado al saneamiento por los defectos ocultos que tuviere la cosa vendida, si la hacen impropia para el uso a que se la destina, o si disminuyen de tal modo este uso que, de haberlos conocido el comprador, no la habría adquirido o habría dado menos precio por ella; pero no será responsable de los defectos manifiestos o que estuvieren a la vista, ni tampoco de los que no lo estén, si el comprador es un perito que, por razón de su oficio o profesión, debía fácilmente conocerlos.

Del mentado precepto se deriva que la responsabilidad en la venta entre particulares nace cuando el vehículo de segunda mano tiene un defecto oculto que lo hace impropio para el uso al que está destinado, o bien, que si el comprador lo hubiera conocido habría pagado menos por él.

Además de la responsabilidad por los vicios ocultos, también resulta de aplicación la doctrina del *aliud pro alio*. Esta figura de creación jurisprudencial tiene su origen en el art. 1166 del Código Civil que señala que el deudor de una cosa no puede obligar a su acreedor a que reciba otra diferente, aun cuando fuere de igual o mayor valor que la debida. En estos casos la responsabilidad nace cuando se haya entregado una cosa distinta a la que se había pactado o se haya entregado una cosa que, por su inhabilidad, provoque una insatisfacción objetiva.

Si bien la existencia de defectos o vicios en las compraventas de segunda mano pueden dar lugar a distintas acciones genéricas de nulidad y anulabilidad del contrato por inexistencia o vicio de alguno de sus elementos esenciales, también existen en nuestro ordenamiento acciones más específicas para que el comprador pueda reclamar al vendedor si este incumple su obligación de entregar la cosa sin vicios ni defectos y con la aptitud precisa para ser destinada al uso previsto. Estas acciones más específicas son clasificadas por nuestra jurisprudencia en cuatro bloques:

- Acciones edilicias: Se incluyen aquí la acción redhibitoria y la acción estimatoria o *quanti minoris*.
- Acción de responsabilidad por dolo del vendedor.
- Acción de resolución o de resarcimiento en caso de pleno incumplimiento del vendedor por inhabilidad absoluta del objeto, lo que se conoce como *aliud pro alio*.
- Acción de resarcimiento por el defectuoso o parcial cumplimiento de la obligación.

1.
LA RESPONSABILIDAD CIVIL

Concepto y clases de responsabilidad civil

El Diccionario del español jurídico define la responsabilidad como la obligación de resarcir las consecuencias lesivas para los derechos o intereses de otra persona derivadas de la actuación propia o ajena, bien se deriven aquellas del incumplimiento de contratos, o bien de daños producidos por simple culpa o negligencia.

En este sentido, el art. 1089 de Código Civil determina que «las obligaciones nacen de la ley, de los contratos, cuasi contratos, y de los actos y omisiones ilícitos o en los que intervenga cualquier género de culpa o negligencia».

Es por ello que conviene **distinguir entre responsabilidad contractual y extracontractual**, concretándose sus diferencias, fundamentalmente, en su distinto origen:

- La responsabilidad civil contractual, hace referencia a la vulneración de un contrato. El art. 1091 de Código Civil estipula que las obligaciones que nacen de los contratos tienen fuerza de ley entre las partes contratantes.

- En la responsabilidad civil extracontractual se presupone un daño independiente de cualquier relación jurídica preexistente entre las distintas partes. El art. 1902 de Código Civil establece que el que por acción u omisión causa daño a otro, interviniendo culpa o negligencia, está obligado a reparar el daño causado.

En cuanto a los **tipos de responsabilidad civil extracontractual**, conviene tener en cuenta la siguiente diferenciación:

- **Responsabilidad civil extracontractual por hechos propios**. Es conveniente nuevamente considerar el art. 1902 de Código Civil, que precisa que «el que por acción u omisión causa daño a otro, interviniendo culpa o negligencia, está obligado a reparar el daño causado». En este sentido, se pueden distinguir aquellas con:

    - Carácter objetivo: derivan directamente de la relación de causalidad existente entre la actuación del agente y el daño producido.

– Carácter subjetivo: la responsabilidad se genera a consecuencia de la actuación dolosa o culposa del agente productor del daño.

• **Responsabilidad civil extracontractual por hechos ajenos.** Tal y como establece el art. 1903 de Código Civil, la obligación contemplada en el art. 1902 de Código Civil es exigible no sólo por los actos u omisiones propios, sino por los de aquellas personas de quienes se debe responder. Conviene tener en cuenta a este respecto la **responsabilidad que corresponda:**

– A los padres, responsables de los daños causados por los hijos que se encuentren bajo su guarda.

– Al tutor, responsable de los perjuicios causados por los menores que están bajo su autoridad y habitan en su compañía.

– Al curador con facultades de representación plena por los perjuicios causados por la persona a quien presten apoyo, siempre que convivan con ella.

– A los dueños o directores de un establecimiento o empresa respecto de los perjuicios causados por sus dependientes en el servicio de los ramos en que los tuvieran empleados, o con ocasión de sus funciones.

– A las personas o entidades que sean titulares de un centro docente de enseñanza no superior responderán por los daños y perjuicios que causen sus alumnos menores de edad durante los períodos de tiempo en que los mismos se hallen bajo el control de vigilancia del profesorado del centro, desarrollando actividades escolares o extraescolares y complementarias.

– Al poseedor de un animal por los perjuicios que causare.

– Al propietario de una heredad de caza respecto del daño causado en las fincas vecinas.

– Al propietario de un edificio por los daños que resulten de la ruina de todo o parte de él.

– Al cabeza de familia que habita una casa o parte de ella de los daños causados por las cosas que se arrojaren o cayeren de la misma.

> **A TENER EN CUENTA.** La responsabilidad por hechos ajenos cesará cuando las personas responsables prueben que emplearon toda la diligencia de un buen padre de familia para prevenir el daño.

Requisitos de la responsabilidad civil extracontractual

Para que exista responsabilidad civil extracontractual, los tribunales, así la **SAP de Barcelona n.º 42/2020, de 3 de febrero, ECLI:ES:APB:2020:365,** han señalado que es necesario que concurran una serie de requisitos:

• Un comportamiento de acción u omisión (art. 1902 de Código Civil).

- La acción u omisión debe conllevar la provocación de un daño.
- Debe existir una relación causal entre la acción u omisión y el daño.
- Existencia de un criterio que permita imputar la responsabilidad extracontractual.

Por cuanto se refiere a la causalidad la corriente jurisprudencial actual acude a la teoría de la imputación objetiva, sobre esta corriente jurisprudencial se ha pronunciado el **Tribunal Supremo en la sentencia n.º 124/2017, de 24 de febrero, ECLI:ES:TS:2017:717,** en la que señala:

«(ii) Modernamente se vienen sosteniendo las siguientes posturas: a) El artículo 217 de la Ley de Enjuiciamiento Civil prohíbe la inversión de la carga de la prueba cuando no está prevista legalmente (aunque en algunos casos pudiera aplicarse la regla de la facilidad probatoria). b) El artículo 1902 del Código Civil tiene un claro matiz culpabilístico, como reiteradamente está recordando la jurisprudencia más reciente. El deber de indemnizar por el daño causado a otro tiene su fundamento en la culpa, o negligencia del obligado a resarcir (salvo supuestos legales de culpa objetiva). Así, la Sala Primera del Tribunal Supremo lleva años indicando que debe explicarse siempre el 'cómo' (causalidad física, hechos probados) y el 'por qué' (causalidad jurídica) del evento dañoso para poder imputar el resultado. c) La doctrina del riesgo no resulta aplicable, sin más, en todo siniestro la teoría de la responsabilidad por riesgo o 'cuasiobjetiva', como parece pretenderse. El riesgo por sí solo, al margen de cualquier otro factor, no es fuente única de la responsabilidad establecida en los artículos 1902 y 1903 del Código Civil. Riesgo lo hay en todas las actividades de la vida diaria, por lo que el Tribunal Supremo ha restringido su aplicación a los supuestos en que la actividad desarrollada genera un riesgo muy cualificado, pese a que legalmente no se considere como constitutivos de una responsabilidad objetiva (...)».

La teoría de la imputación objetiva tiene como pautas o reglas:

- Los riesgos generales de la vida. La vida tiene riesgos propios e inherentes, que son aceptados por todos.
- La prohibición de regreso. Encontrada una causa próxima no debe irse más allá, más atrás, buscando causas remotas.
- La provocación. Esto es, debe tenerse en cuenta quién provocó la situación, sin descartar que sea el propio perjudicado porque asumiese un riesgo no justificado.
- El fin de protección de la norma.
- El incremento del riesgo, o la conducta alternativa correcta, es decir, debe analizarse si el daño se habría producido igual, aunque se adoptase otra conducta.
- Competencia de la víctima, esto es los hechos y situaciones que estaban en el dominio de la víctima.
- La probabilidad, que permite excluir la responsabilidad en los supuestos de eventos altamente improbables o imprevisibles, como es el caso del caso fortuito.

Respecto a las formas de **reparación** del daño, cabe destacar:

- La reparación *in natura*, mediante la que se procede a la reparación o sustitución de la cosa. En este caso, se trata de reponer la situación alterada a su estado original, si bien, ante la imposibilidad de que ello suceda, se prevé la conocida como reparación por equivalencia.

- Entrega de la indemnización correspondiente (reparación mediante resarcimiento pecuniario). Se aplica en los supuestos en los que no es posible la devolución del objeto o uno de carácter equivalente, consistiendo, en este caso, en el depósito de una cantidad de dinero, que permite también su resarcimiento en forma de renta.

2.
RESPONSABILIDAD CONTRACTUAL EN LA COMPRAVENTA DE VEHÍCULOS DE SEGUNDA MANO: DERECHOS Y OBLIGACIONES DE LAS PARTES

La responsabilidad contractual

La responsabilidad civil contractual se define como el deber de reparar los daños y perjuicios que recae sobre la persona que en el cumplimiento de sus obligaciones incurriere en dolo, negligencia o morosidad, o que de cualquier modo contraviniere al tenor de aquellas (**Diccionario del español jurídico**).

El **art. 1091 del CC** establece que **las obligaciones que nacen de los contratos tienen fuerza de ley entre las partes contratantes**. Por otro lado, el art. 1257 del CC señala que los contratos solo producen efecto entre las partes que los otorgan y sus herederos, a esta previsión la jurisprudencia la denomina el **principio de relatividad de los contratos**. Este principio determina que **para los terceros el contrato es** *res inter alios* —cosa realizada entre otros— y, por tanto, ni les beneficia ni les perjudica. Señala la **STS n.º 300/2022, de 7 de abril, ECLI:ES:TS:2022:1386**, «(...) Nadie puede ser obligado por un contrato en que no ha intervenido y prestado su consentimiento, ni sufrir las consecuencias negativas del incumplimiento en el que no ha tenido intervención».

La consideración de los contratos como unidades absolutamente independientes entre sí, que no producen efectos respecto de quienes no han intervenido en su otorgamiento, se ha **excepcionado** en determinados supuestos por el Tribunal Supremo, como es el caso de la **contratación en el sector del automóvil**. Y es que en el campo de la fabricación, distribución y venta de automóviles se observa que la regulación de los contratos como unidades autónomas pugna con la realidad económica. Los automóviles vienen terminados de fábrica y los concesionarios constituyen un simple canal de distribución, pese a que desde el punto de vista jurídico esos sujetos intermedios sean operadores independientes y constituyan una de las partes de los contratos, tal como declara la **SAP de León n.º 126/2022, de 4 de abril, ECLI:ES:APLE:2022:803**.

En este supuesto el Alto Tribunal tiene en consideración los **especiales vínculos que se crean entre el fabricante, los concesionarios y los compradores**, la importancia de la marca del fabricante, la fidelidad del consumidor a dicha marca, su influencia en la decisión del adquiriente de un automóvil, y la afectación masiva que suelen provocar los defectos de fabricación. Con relación a esta excepción la **STS n.º 167/2020, de 11 de marzo, ECLI:ES:TS:2020:735**, ha razonado lo siguiente:

> «Entre el fabricante y el comprador final, pese a que formalmente no han celebrado un contrato entre sí, se establecen vínculos con trascendencia jurídica, como son los relativos a la prestación de la garantía, adicional a la prevista legalmente, que es usual en este sector, o la exigibilidad por el consumidor final de las prestaciones ofertadas en la publicidad del producto, que generalmente ha sido realizada por el propio fabricante y que integran el contrato de compraventa por el que el consumidor adquiere el vehículo. Además, con frecuencia, el importador y el distribuidor pertenecen al mismo grupo societario que el fabricante, o están integrados en una red comercial en la que el fabricante tiene un papel importante, como ocurre actualmente en las redes de distribuidores de automóviles».

Para el caso de que en el cumplimiento de sus obligaciones alguna de las partes incurra en dolo, negligencia o morosidad, o de cualquier modo contravinieren el tenor de aquéllas, el art. 1101 del CC establece que quedarán sujetos a la indemnización de los daños y perjuicios causados.

CUESTIÓN

¿Para exigir la indemnización de daños y perjuicios del art. 1101 del CC es necesario que esté prevista en el contrato como cláusula penal?

No, que el contrato no tenga prevista una cláusula penal no impide la aplicación del art. 1101 del CC. La STS n.º 245/2016, de 13 de abril, ECLI:ES:TS:2016:1630, así lo ha determinado señalando al respecto que «(...) la indemnización por incumplimiento o cumplimiento defectuoso no precisa del previo establecimiento de una cláusula penal -como sostiene la Audiencia- pues la finalidad de dicha cláusula es la de fijación por las propias partes del importe de los daños y perjuicios que derivan del incumplimiento, sin que su falta de incorporación al contrato impida la aplicación del artículo 1101 CC (...)».

Conforme al artículo referenciado la **sujeción a la indemnización** nace en los casos en los que el obligado incurra en:

- **Dolo**: cuando el incumplimiento se realiza con conciencia y voluntad de no cumplir con el contrato.

- **Negligencia**: el art. 1104 del CC señala que la culpa o negligencia consiste en la omisión de la diligencia que exija la naturaleza de la obligación y corresponda a las circunstancias de las personas, del tiempo y del lugar. En caso de que la obligación no exprese la diligencia que ha de prestarse en su cumplimiento, se exigirá la que correspondería a un buen padre de familia.

- **Morosidad**: esto es la dilación o demora en el cumplimiento de la obligación.

El art. 1105 del CC establece una **exclusión de la responsabilidad** cuando el supuesto obedezca a **caso fortuito o fuerza mayor**:

«Fuera de los casos expresamente mencionados en la ley, y de los en que así lo declare la obligación, nadie responderá de aquellos sucesos que no hubieran podido preverse, o que, previstos, fueran inevitables».

A este respecto el Tribunal Supremo en su **sentencia n.º 1136/2004, de 23 de noviembre, ECLI:ES:TS:2004:7602**, ha señalado:

«El art. 1.105 CC excluye de la responsabilidad los sucesos que obedezcan a caso fortuito o fuerza mayor -nadie responderá de aquellos sucesos que no hubieran podido preverse, o que, previstos, fueran inevitables-, pero no cabe apreciar tal situación cuando hay un comportamiento negligente con suficiente aportación causal (SS. 20 julio 2.000), porque el caso fortuito (como la fuerza mayor) requiere la ausencia de culpa (SS. 31 marzo 1.995, 31 mayo 1.997, 18 abril 2.000), cuya valoración en cuanto al soporte factual, por tal naturaleza de "questio facti", corresponde al juzgador de instancia (SS. 6 mayo 1.984 y 14 marzo 2.001)».

La responsabilidad contractual en la compraventa de bienes de segunda mano

Visto lo anterior es claro que el incumplimiento del contrato da lugar a una responsabilidad contractual en el caso de la **compraventa de bienes de segunda mano**. Esta responsabilidad nace cuando **el bien no cumple con las cualidades que se ofrecieron al comprador**, pero además debemos tener presente, que el vendedor debe responder también por los **vicios o defectos ocultos** que tuviere el bien (art. 1474 del CC).

Con relación a la **compraventa de vehículos de segunda mano** la responsabilidad del vendedor tendrá diferente regulación en función de que el comprador tenga la consideración de consumidor o usuario y el vendedor de empresario o profesional, o que la venta se haga entre particulares:

- En caso de que el comprador sea **consumidor o usuario y compre el vehículo a un vendedor profesional**, resultarán de aplicación las disposiciones del texto refundido de la Ley General para la Defensa de Consumidores y Usuarios.

- Si la venta se realiza **entre particulares** la norma de aplicación será el **Código Civil** en cuanto a vicios ocultos e incumplimiento del contrato.

2.1. Responsabilidad de los particulares

Como ya hemos señalado en caso de que la compraventa sea entre particulares resultan de aplicación las disposiciones del Código Civil (en adelante, CC).

Es preciso comenzar exponiendo el **art. 1484.1 del CC**, que establece:

«El vendedor estará obligado al saneamiento por los defectos ocultos que tuviere la cosa vendida, si la hacen impropia para el uso a que se la destina, o si disminuyen de tal modo este uso que, de haberlos conocido el comprador, no la habría adquirido o habría dado menos precio por ella; pero no será responsable de los defectos manifiestos o que estuvieren a la vista, ni tampoco de los que no lo estén, si el comprador es un perito que, por razón de su oficio o profesión, debía fácilmente conocerlos».

Del precepto transcrito se deduce que la responsabilidad del vendedor surge cuando **concurren las siguientes condiciones**:

- El defecto debe ser **oculto**.
- El defecto hace que la **cosa** —el vehículo— **sea impropia para el uso a que la destina** o disminuye de tal modo ese uso que, si el comprador lo hubiere conocido, no lo habría adquirido o hubiese pagado menos por ella.

Sin embargo, la responsabilidad **se excluye**:

- Cuando los defectos sean **manifiestos o estuvieren a la vista**.
- Si el **comprador es un perito** que, por razón de su oficio o profesión, deba fácilmente conocer los defectos.

CUESTIONES

1. Si el vendedor ignora los defectos, ¿debe responder de los mismos?

La respuesta a esta cuestión la encontramos en el art. 1485 del CC que establece que el vendedor responde al comprador del saneamiento por los vicios o defectos ocultos de la cosa vendida, aunque los ignore. La única excepción es que las partes hayan estipulado lo contrario.

2. Si el comprador se auxilia de un perito para comprobar el estado del vehículo antes de comprarlo, ¿el vendedor queda exento de responsabilidad?

Sí, el vendedor quedará exento de los defectos que, por razón de su profesión, el perito pudiera fácilmente conocerlos. Así lo ha declarado la **SAP de A Coruña n.º 360/2021, de 18 de noviembre, ECLI:ES:APC:2021:2991**:

«Es verdad que el artículo 1484 también dice que no será responsable de los defectos manifiestos o que estuvieren a la vista, ni de los que no lo estén cuando el comprador sea perito que, por razón de su oficio o profesión, deba fácilmente conocerlos. Lógicamente esto también comprende el caso en que el comprador se haya auxiliado previamente de un perito para comprobar el estado de la cosa antes de prestar su consentimiento contractual. Pero la exención de responsabilidad en tal caso será, como advierte el precepto citado, cuando pueda fácilmente conocer los vicios o defectos».

En este punto se hace preciso señalar que además de las «acciones edilicias» que derivan del art. 1484 del CC, el comprador también está facultado para ejercitar las acciones de los arts. 1101 y 1124 del CC, en virtud de la doctrina *aliud pro alio*, de creación jurisprudencial, que protege al comprador frente a supuestos en los que se produce un incumplimiento de la obligación por parte del vendedor, ya sea porque ha entregado una cosa distinta a la que se había pactado en el contrato o porque se haya entregado una cosa que provoque una insatisfacción objetiva del comprador (porque la cosa es inhábil).

A TENER EN CUENTA. El Código Civil de Cataluña contiene regulación específica en esta materia.

2.2. La responsabilidad de los profesionales (concesionarios, talleres...)

Debemos comenzar señalando qué se entiende por consumidor y usuario, qué se entiende por empresario ya que son estos términos los que determinan la aplicabilidad del Real Decreto Legislativo 1/2007, de 16 de noviembre, por el que se aprueba el texto refundido de la Ley General para la Defensa de Consumidores y Usuarios y otras leyes complementarias (en adelante, TRLGDCU).

- Conforme el art. 3.1 del TRLGDCU son consumidores o usuarios las personas físicas que actúen con un propósito ajeno a su **actividad comercial, empresarial, oficio o profesión**. Son también consumidores las **personas jurídicas y las entidades sin personalidad jurídica que actúen sin ánimo de lucro** en un ámbito ajeno a una actividad comercial o empresarial.

- El art. 4 del TRLGDCU establece que se considera **empresario a toda persona física o jurídica, ya sea privada o pública, que actúe directamente o a través de otra persona en su nombre o siguiendo sus instrucciones, con un propósito relacionado con su actividad comercial, empresarial, oficio o profesión**.

Teniendo en cuenta lo anterior, en la compra de un vehículo de segunda mano, el comprador tendrá la condición de consumidor y usuario cuando lo adquiere para uso particular y con un propósito ajeno a una actividad comercial, empresarial, oficio o profesión. Y entenderemos que estamos ante un empresario o profesional cuando su actividad tenga por objeto la compraventa de vehículos.

El **empresario debe responder ante el consumidor o usuario de cualquier falta de conformidad** que exista en el momento de la entrega del vehículo. Si hubiese una falta de conformidad, en virtud de lo dispuesto en el **art. 117 del TRLGDCU**, el consumidor podrá, mediante una **simple declaración**, exigir al empresario:

- La subsanación de la falta de conformidad.
- La reducción del precio.
- La resolución del contrato.
- En caso de que proceda, indemnización de daños y perjuicios.

> **A TENER EN CUENTA.** El consumidor o usuario tendrá derecho a suspender el pago de cualquier parte pendiente del precio del vehículo adquirido hasta que el empresario cumpla con las obligaciones.

Para poder apreciar la falta de conformidad del bien es necesario atender a lo señalado en los arts. 115, 115 bis y 115 ter del TRLGDCU los cuales establecen los requisitos subjetivos y objetivos para la conformidad:

- **Requisitos subjetivos**
  - Que el bien se ajuste a la descripción, tipo, cantidad y calidad y posea la funcionalidad, compatibilidad, interoperabilidad y demás características que se establezcan en el contrato.

– Que el bien sea apto para los fines específicos para los que el consumidor o usuario los necesite y que este haya puesto en conocimiento del empresario como muy tarde en el momento de la celebración del contrato, y respecto de los cuales el empresario haya expresado su aceptación.

– Que el bien sea entregado junto con todos los accesorios, instrucciones y asistencia al consumidor o usuario.

– Que el bien sea suministrado con las actualizaciones que se establezcan en el contrato.

• **Requisitos objetivos**

– Que el bien sea apto para los fines a los que normalmente se destinen bienes del mismo tipo, teniendo en cuenta, cuando sea de aplicación, toda norma vigente, toda norma técnica existente o, a falta de dicha norma técnica, todo código de conducta específico de la industria del sector.

– Que el bien posea la calidad y se corresponda con la descripción de la muestra o modelo que el empresario hubiese puesto a disposición del consumidor o usuario antes de la celebración del contrato.

– Que, en su caso, el bien se entregue o suministre junto con los accesorios, en particular el embalaje, y las instrucciones que el consumidor y usuario pueda razonablemente esperar recibir.

– Que el bien presente la cantidad y posea las cualidades y otras características, en particular respecto de la durabilidad del bien y la funcionalidad, compatibilidad y seguridad que presentan normalmente los bienes del mismo tipo y que el consumidor o usuario pueda razonablemente esperar, dada la naturaleza del mismo y teniendo en cuenta cualquier declaración pública realizada por el empresario, o en su nombre, o por otras personas en fases previas de la cadena de transacciones, incluido el productor, especialmente en la publicidad o el etiquetado.

CUESTIONES

1. ¿De qué faltas de conformidad es responsable el empresario?

En la compraventa de bienes, ya sea en un acto único o en una serie de actos individuales, el empresario será responsable de las faltas de conformidad que existan en el momento de la entrega y se manifiesten en un plazo de tres años desde la entrega. En el caso de los bienes de segunda mano el empresario y el consumidor o usuario podrán pactar un plazo menor, que no podrá ser inferior a un año desde la entrega (art. 120.1 del TRLGDCU).

2. El vehículo que he comprado se ha averiado 8 meses después de la entrega. Para hacer la reclamación ¿debo probar que la falta de conformidad ya existía en el momento de la entrega?

No, en estos supuestos el art. 121.1 del TRLGDCU establece una inversión de la carga de la prueba al establecer que:

«Salvo prueba en contrario, se presumirá que las faltas de conformidad que se manifiesten en los dos años siguientes a la entrega del bien o en el año siguiente al

> *suministro del contenido o servicio digital suministrado en un acto único o en una serie de actos individuales, ya existían cuando el bien se entregó o el contenido o servicio digital se suministró, excepto cuando para los bienes esta presunción sea incompatible con su naturaleza o la índole de la falta de conformidad.*
>
> *En los bienes de segunda mano, el empresario y el consumidor y usuario podrán pactar un plazo de presunción menor al indicado en el párrafo anterior, que no podrá ser inferior al período de responsabilidad pactado por la falta de conformidad, de acuerdo con lo previsto en el artículo 120.1».*

Es preciso delimitar la diferencia entre la **garantía de conformidad**, que se corresponde con la responsabilidad contractual a la que nos hemos referido, y la **garantía comercial** que conforme la define el **art. 59 bis. m) del TRLGDCU** es «todo compromiso asumido por un empresario o un productor (el "garante") frente al consumidor o usuario, además de sus obligaciones legales con respecto a la garantía de conformidad, de reembolsar el precio pagado o de sustituir, reparar o prestar un servicio de mantenimiento relacionado con el bien o el contenido o servicio digital, en caso de que no se cumplan las especificaciones o cualquier otro requisito no relacionado con la conformidad del bien o del contenido o servicio digital con el contrato, enunciados en la declaración de garantía o en la publicidad, disponible en el momento o antes de la celebración del contrato».

CUESTIÓN

Si en una compraventa de segunda mano se fija una garantía comercial, ¿es posible reclamar la falta de conformidad al empresario si el defecto no está cubierto por la garantía comercial?

Sí, ya que la responsabilidad contractual es una responsabilidad propia frente a los clientes y no delegable en terceros. La garantía comercial se añade a la garantía de conformidad y es una garantía adicional que no afecta a los derechos legales del consumidor o usuario ante la falta de conformidad de los bienes con el contrato conforme establece el art. 59 bis. m) del TRLGDCU (SAP de Madrid n.º 347/2022, de 30 de septiembre, ECLI:ES:APM:2022:14535).

3.
LOS VICIOS OCULTOS EN LA COMPRAVENTA DE VEHÍCULOS DE SEGUNDA MANO

El concepto de vicios ocultos

El Diccionario del Español Jurídico de la RAE define los vicios ocultos como defectos ocultos de la cosa existentes al tiempo de la adquisición que la hacen impropia para el uso a que se la destina o que disminuyen de tal modo este uso que, de haberlos conocido el comprador, no la habría adquirido o habría dado menos precio por ella.

La presencia de un **vicio oculto en el caso de las compraventas de segunda mano** resulta de transcendencia en cuanto a la responsabilidad del vendedor, que se recoge en el art. 1484.1 del CC:

«El vendedor estará obligado al saneamiento por los defectos ocultos que tuviere la cosa vendida, si la hacen impropia para el uso a que se la destina, o si disminuyen de tal modo este uso que, de haberlos conocido el comprador, no la habría adquirido o habría dado menos precio por ella; pero no será responsable de los defectos manifiestos o que estuvieren a la vista, ni tampoco de los que no lo estén, si el comprador es un perito que, por razón de su oficio o profesión, debía fácilmente conocerlos».

JURISPRUDENCIA

Sentencia del Tribunal Supremo n.º 478/2010, de 8 de julio, ECLI:ES:TS:2010:3899

«Sistematizando la doctrina de los preceptos del Código Civil y la jurisprudencia relativos al saneamiento por vicios ocultos de la cosa vendida se pueden establecer estos principios: a)que el vicio consiste en una anomalía por la cual se distingue la cosa que lo padece de las de su misma especie y calidad; b)que es preciso que el vicio sea anterior a la venta aunque su desarrollo sea posterior; c) que es preciso que el vicio no fuera conocido por el adquirente, ni conocible por la simple contemplación de la cosa teniendo en cuenta la preparación técnica del sujeto al efecto; d) que ha de ser de tal naturaleza que haga la cosa impropia para el uso a la que la destina o disminuya de tal modo ese uso, que de haberlo conocido el comprador no lo hubiera

> *adquirido o habría dado menosprecio, es decir, que no se trata de que sea inútil para todo uso, sino para aquél que motivo la adquisición, si nada se hubiere pactado sobre el destino, debiendo entenderse que la cosa fue comprada para aplicarla al uso mas conforme con su naturaleza y mas en armonía con la actividad a que se dedicaba el adquirente (Sentencia del Tribunal Supremo de 31 de Enero de 1970)».*

Para que el vicio **determine la responsabilidad** del vendedor es necesario que en el mismo concurran las siguientes condiciones:

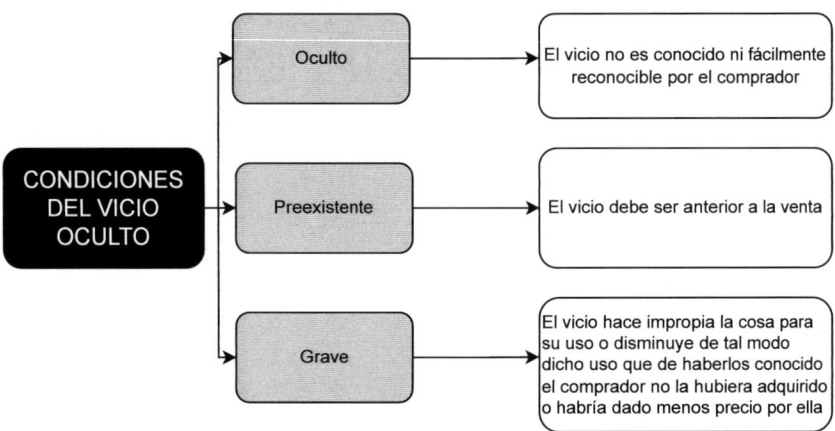

|| El vicio ha de ser oculto

Se entiende que el vicio es oculto cuando **no es conocido ni fácilmente reconocible por el comprador**, esto supone que se niega la condición de vicio oculto a los defectos cuando:

- Se pueden apreciar fácilmente las circunstancias que constituyen el defecto.
- El comprador por razón de su profesión u oficio debía conocerlo fácilmente empleando un mínimo de diligencia.
- Aun no siendo cognoscible por el comprador, por cualquier razón, lo ha conocido efectivamente.

|| El vicio ha de ser preexistente

Esto supone que el **defecto debe ser anterior a la venta**, sin que el vendedor responda de los defectos que sobrevengan a la misma, ya que la cosa ha de entregarse en el estado en que se hallaba al perfeccionarse el contrato.

CUESTIÓN

¿Cuándo se perfecciona el contrato de compraventa?

Según establece el **art. 1450 del CC** la venta se perfeccionará entre comprador y vendedor, siendo obligatoria para ambos, si hubieran convenido en la cosa objeto del contrato y en el precio, aunque ni la una ni el otro se hayan entregado.

Determinar la preexistencia de una avería no suele resultar sencillo por lo que es habitual que en la práctica de los tribunales se presuma que el vicio era preexistente cuando la avería se manifiesta con carácter inmediato, esto eso, poco después de la entrega de la cosa vendida. En cualquier caso, cuando estamos ante una compraventa entre particulares debemos estar al caso concreto.

Un ejemplo de determinación de la preexistencia y la necesidad de atender a las circunstancias concretas del caso, la encontramos en la **SAP de A Coruña n.º 182/2023, de 29 de junio, ECLI:ES:APC:2023:1694**, en la que se analiza un supuesto en el cual un vehículo, un mes después de su compra, sufre una avería que impide su uso, siendo la causa de la misma un fallo de lubricación debido a la aspiración de la válvula de aceite. Esta resolución, en primer lugar, fija su atención en el tiempo que tardó en manifestarse la avería, señalando:

> «Determinar la fecha exacta en que se produce el vicio determinante de la avería no es fácil. Por ello es habitual presumir que el vicio era preexistente a la venta cuando la avería se manifiesta con carácter inmediato, poco después de la entrega de la cosa vendida. En este caso la avería tuvo lugar un mes después de la compraventa, periodo de tiempo corto que permite inferir la existencia de un vicio anterior».

A continuación, atiende a la avería y a las circunstancias que deben concurrir para que la misma se produzca:

> «Si el número de kilómetros que circuló el vehículo fue muy inferior a los 5.000 kilómetros hay que inferir que el vicio era preexistente, puesto que la avería ocasionada por ese vicio consistente en la obturación del filtro de la bomba de aceite aparece, con carácter general, después de circular con ese problema entre 5.000 y 10.000 kilómetros».

Aun cuando para exigir la responsabilidad el vicio ha de ser preexistente, **el plazo de la reclamación no se iniciará hasta el momento de la entrega**, tal como ha señalado la **SAP de Málaga n.º 380/2024, de 29 de mayo, ECLI:ES:APMA:2024:1987**:

> «Que el defecto sea preexistente a la venta, de manera que los deben ser anteriores o simultáneos a la celebración del contrato, aunque el plazo de reclamación no comience a correr hasta el momento de la entrega (Sentencia del Tribunal Supremo de 18 de marzo de 2004) (...)».

‖ El vicio ha de ser grave

El requisito de la gravedad se manifiesta en la exigencia del **art. 1484 del CC**, de que se trate de **defectos que hagan impropia la cosa para el uso** a que se la destina o disminuyan de tal modo dicho uso que, de haberlos conocido, el comprador no la habría adquirido o habría dado menos precio por ella; así lo ha manifestado la **SAP de Ciudad Real n.º 74/2024, de 7 de marzo, ECLI:ES:APCR:2024:260**:

> «(...) El requisito de la gravedad lo expresa el artículo 1.484 del Código Civil, al exigir que se trate de los defectos que hagan impropia la cosa para

el uso al que se destina o disminuyan de tal modo dicho uso que, de haberlos conocido el comprador, no la habría adquirido o habría dado menos por ella, como es conocido por reiterada jurisprudencia. El vicio asimismo debe determinar la inutilidad total o parcial de la cosa (Sentencia del TS de 10 de septiembre de 1996)».

Los tribunales han reiterado que el vicio debe ser de tal entidad que haga inútil totalmente el objeto o lo reduzca en cierta medida, precisando que la utilidad a la que se debe atender no es la subjetiva del comprador, sino la propuesta en el objeto según la regla contractual. Por tanto, la inutilidad que tiene transcendencia es la que viene dada por la carencia de cualidades presupuestas en la cosa por el contrato, y en caso de que no se establezca una finalidad concreta, debe atenderse a la que el tráfico asigne normalmente a los objetos del mismo género o tipo; así lo declara la Audiencia Provincial de Ávila en la **sentencia n.º 143/2023, de 12 de mayo, ECLI:ES:APAV:2023:185**:

> «Como referencia jurisprudencial a los efectos que nos interesan, podemos citar la sentencia de la audiencia provincial de Zamora de nueve del mes de julio del año 1.998 que reseña que el vicio ha de ser tal "que haga inútil totalmente el objeto o lo reduzca en cierta medida", precisando, sin embargo, que la utilidad "no es la subjetiva del comprador, sino la propuesta en el objeto según la regla contractual".
>
> Por su parte, la sentencia de la audiencia provincial de La Coruña de treinta del mes de junio del año 1.998 recuerda que el vicio "ha de determinar la inutilidad total o parcial de la cosa; ahora bien, la utilidad que ha de considerarse, es aquella que se ha incorporado al contrato, esto es, aquella que viene dada por la carencia de cualidades presupuestas en la cosa por el contrato, siempre, claro está, que esta carencia implique una diferencia negativa del objeto real en relación con el previsto, y cuando nada se establezca expresamente, será la que el tráfico asigne normalmente a los objetos del mismo género o tipo"».

CUESTIÓN

«A» va a comprar un coche y antes de hacer el contrato acuerda que sea revisado por un taller. Una vez perfeccionado el contrato y tras la entrega del coche lo lleva a otro taller y le detectan varios defectos que son habituales por el uso. ¿Puede reclamar al vendedor por la presencia de vicios ocultos?

No, ya que el comprador tuvo ocasión de revisarlo antes de la compra en un taller de su confianza y los defectos eran fácilmente apreciables por un perito en la materia, y porque no pueden aducirse defectos consecuencia del envejecimiento normal del vehículo, en un supuesto similar la Audiencia Provincial de Santa Cruz de Tenerife en la **sentencia n.º 73/2024, de 29 de febrero, ECLI:ES:APTF:2024:137**, razona lo siguiente:

> *«En este caso, se trata de la compraventa de un vehículo de segunda mano, con una antigüedad de 14 años, que el comprador tuvo oportunidad de revisar en un taller de su confianza antes de la celebración del contrato. Como vienen señalando las distintas resoluciones de las Audiencias Provinciales, el alcance de la responsabilidad del vendedor del vehículo debe abarcar a aquellos defectos que no obedezcan a un fallo aleatorio asociado al tiempo de funcionamiento, al envejecimiento del material de fabricación o degradación de los materiales por mero uso o paso del tiempo. Te-*

> *niendo en cuenta que ninguno de los desperfectos que presenta el vehículo impiden el uso del mismo, ni obedecen a otra causa que no sea el mero desgaste de piezas por el uso continuado, que era de esperar en relación a la antigüedad del vehículo, se desestima el recurso, confirmándose la sentencia recurrida».*

La consecuencia de la existencia de un vicio oculto es la obligación del vendedor de responder de ellos, lo que se denomina «**saneamiento**». En el caso de los vehículos de segunda mano, la jurisprudencia ha reiterado que el vehículo se vende con el desgaste natural producido por el transcurso del tiempo y del uso. Por tanto, el hecho de que sufra averías no pone de manifiesto, por sí solo, vicio oculto que obligue al saneamiento, salvo que demuestre que era anterior a la venta y determinante de la avería, y que no sea imputable, precisamente a la vetustez del vehículo de segunda mano. Ha señalado la **SAP de Alicante n.º 313/2023, de 31 de julio, ECLI:ES:APA:2023:1639**, que las reparaciones propias del paso del tiempo, como regla general no serán imputables al vendedor. Ahora bien, sí concurre vicio resolutorio cuando los defectos hacen inidóneo lo vendido para satisfacer los legítimos intereses del comprador.

4.
FALTA DE IDONEIDAD DEL VEHÍCULO DE SEGUNDA MANO: LA DOCTRINA DEL *ALIUD PRO ALIO*

En los contratos de compraventa a la obligación esencial del comprador de pagar el precio se corresponde la del vendedor de entregar la cosa vendida, poniéndola en poder y posesión del comprador dentro del plazo estipulado. Cuando la **cosa comprada presenta alguna diferencia** respecto de lo que pretendíamos adquirir, el comprador dispone de tres posibles acciones:

- **Acción de nulidad**: por ausencia de alguno de los elementos esenciales del contrato.

- **Acción de incumplimiento**: cuando la cosa entregada resulta ser de calidad distinta a la comprada. En este supuesto nos encontramos en un incumplimiento contractual o *aliud pro alio*, equivalente a la falta de entrega por inhabilidad del objeto con la consiguiente insatisfacción del comprador, lo que permite acudir a la protección de los arts. 1101 y 1124 del CC.

- **Acciones edilicias**: en este caso se presentan en la cosa deterioros, imperfecciones o adulteraciones que constituyen vicios ocultos que dejan abierta la vía de las acciones del art. 1484 del CC.

Centrando nuestra atención en la **doctrina** *aliud pro alio* debemos comenzar señalando que su origen se encuentra en el párrafo primero del art. 1166 del CC que establece «El deudor de una cosa no puede obligar a su acreedor a que reciba otra diferente, aun cuando fuere de igual o mayor valor que la debida». La jurisprudencia del Tribunal Supremo ha señalado que **la responsabilidad nace no solo cuando se incumple la obligación de resultado, sino también cuando la cosa que se entrega es inhábil para su destino**, y así lo refleja la **STS n.º 847/2022, de 28 de noviembre, ECLI:ES:TS:2022:4417**:

> «En tal contexto obligacional contractual puede surgir responsabilidad del suministrador no porque haya incumplido una obligación de resultados, sino también, en su caso, porque el bien objeto de suministro resulte defectuoso e inhábil para su destino. La jurisprudencia del TS ha reiterado en múltiples ocasiones que se está en presencia de la entrega de una cosa diversa o aliud pro alio cuando existe pleno incum-

plimiento del contrato de compraventa por inhabilidad del objeto vendido para cumplir la finalidad para que se vendió, y consiguientemente se ha producido la insatisfacción del comprador, lo que en estos casos permite acudir a la protección que dispensan los artículos 1101 y 1124 del Código Civil (...)».

JURISPRUDENCIA

Sentencia del Tribunal Supremo n.º 1059/2008, de 20 de noviembre, ECLI:ES:TS:2008:6276

«La doctrina del aliud pro alio se desarrolla a partir del art. 1166 CC, que establece que "el deudor de una cosa no puede obligar a su acreedor a que reciba otra diferente, aun cuando fuere de igual o mayor valor que la debida"; por tanto, identificada la cosa debida, no es posible, sin un acuerdo entre las partes, cambiarla, porque el cambio unilateral por parte del deudor determina el incumplimiento de la obligación; en definitiva el "aliud pro alio" se aplica cuando en el contrato de compraventa se da una cosa diversa a la convenida, lo que se pone de manifiesto cuando hay una falta tan grave en las cualidades del bien entregado, sea ontológica o funcionalmente, que permite considerar que se está ante un incumplimiento contractual". Es cierto que la doctrina de esta Sala ha incluido en los casos de falta de adecuación de las prestaciones de acuerdo con lo estrictamente pactado, aquellos otros en que "produciéndose una objetiva y natural identidad, la prestación ofrecida es inhábil en relación con el objeto o inidónea para cumplir las finalidades o intereses del acreedor cuando éstos han sido conocidos por el deudor" (SSTS 29 octubre 1990, 1 marzo 1991, 28 enero 1992, 23 enero 1998)».

Conforme a la interpretación que nuestro Alto Tribunal ha realizado del art. 1124 del CC, para que el **incumplimiento** determine que se resuelva el contrato debe ser **esencial o sustancial**, esto es, de cierta entidad, sin que baste aducir que el incumplimiento lo sea de prestaciones accesorias o complementarias. Dentro de ese incumplimiento esencial, en la compraventa se presenta la doctrina *aliud pro alio* la cual puede materializarse por medio de dos supuestos:

- Que se haya **entregado cosa distinta** a la que se había pactado en el contrato.

- Que se haya **entregado cosa que, por su inhabilidad, provoque una insatisfacción objetiva**, es decir, una completa frustración del fin del contrato.

JURISPRUDENCIA

Sentencia del Tribunal Supremo n.º 610/2013, de 23 de octubre, ECLI:ES:TS:2013:5288

«En la natural evolución que corresponde a las producciones humanas, la jurisprudencia - sentencias 366/2008, de 19 de mayo, 35/2012, de 14 de febrero, 162/2012, de 29 de marzo, entre otras muchas - ha precisado últimamente que, para reconocerle fuerza resolutoria, el incumplimiento, además de no excusable, ha de ser esencial, ya porque la estricta observancia de la obligación forme parte de lo pactado en el contrato - en reconocimiento de la potencialidad normativa creadora de los contratantes y la fuerza vinculante de la " lex privata " por ellos creada -; ya porque el incumplimiento prive sustancialmente a la parte perjudicada de aquello que tenía

> *derecho a esperar de acuerdo con el contrato, a menos que la otra parte no hubiera previsto ni podido prever razonablemente tal resultado; ya porque, siendo intencional el comportamiento del deudor, la parte perjudicada crea razonablemente que no puede confiar en un cumplimiento futuro.*
>
> *Además, incluso concurriendo un incumplimiento de entidad resolutoria, la jurisprudencia exige que quien ejercite la acción prevista en el artículo 1124 no merezca también el calificativo de incumplidor, salvo que ello sea como consecuencia del previo incumplimiento del otro contratante - sentencias 940/1994, de 21 de octubre y de 7 de junio de 1.995, recurso número 749/92 -».*

Este **incumplimiento objetivo de la obligación** de entrega de la cosa vendida otorga al comprador la **posibilidad de resolución del contrato** en los términos que establece el art. 1124 del CC, cuyo tenor literal señala:

«La facultad de resolver las obligaciones se entiende implícita en las recíprocas, para el caso de que uno de los obligados no cumpliere lo que le incumbe.

El perjudicado podrá escoger entre exigir el cumplimiento o la resolución de la obligación, con el resarcimiento de daños y abono de intereses en ambos casos. También podrá pedir la resolución, aun después de haber optado por el cumplimiento, cuando éste resultare imposible.

El Tribunal decretará la resolución que se reclame, a no haber causas justificadas que le autoricen para señalar plazo.

Esto se entiende sin perjuicio de los derechos de terceros adquirentes, con arreglo a los artículos 1295 y 1298 y a las disposiciones de la Ley Hipotecaria».

CUESTIÓN

¿Es posible una excepción a la resolución del contrato en caso de que la cosa entregada resulte inhábil?

Sí, el Tribunal Supremo ha señalado que las consecuencias de esta doctrina puedan eliminarse o neutralizarse en caso de que el comprador hubiese conocido y aceptado las posibles contingencias. En este sentido la **STS n.º 652/2022, de 11 de octubre, ECLI:ES:TS:2022:3610**, manifiesta:

«4. Las consecuencias de la doctrina del aliud pro alio, en relación con el incumplimiento de una de las partes (el vendedor), se eliminan o neutralizan si el comprador asume en el contrato las posibles consecuencias que puedan derivarse en caso de que el objeto de la venta resulte inhábil para la finalidad pretendida. El objeto es efectivamente inhábil para el fin por el que se contrató, pero la parte que lo sufre (el comprador) habría conocido y aceptado estas posibles contingencias. Lo cual determina que no sea el incumplimiento de la otra parte (el vendedor) el que haya provocado el aliud pro alio. En ese caso, mediando la aceptación de esa eventual contingencia por el comprador, no cabría aplicar los arts. 1124 y 1101 (...)».

Además, cuando estamos ante un *aliud pro alio* el comprador puede reclamar la **indemnización de daños y perjuicios** conforme a lo establecido en el art. 1101 del CC, en el cual se establece que «Quedan sujetos a la indemnización de los daños y perjuicios causados los que en el cumplimiento de sus obligaciones incurrieren en dolo, negligencia o morosidad, y los que de cualquier modo contravinieren al tenor de aquéllas».

La aplicación de esta doctrina resulta de mayor dificultad cuando nos encontramos ante una **compraventa de un vehículo de segunda mano,** ya que en este caso no puede pretenderse que el funcionamiento sea perfecto ya que ha de tenerse en cuenta la **antigüedad y el desgaste normal** que haya podido sufrir, lo que puede dar lugar a que sea necesario realizar una serie de reparaciones pero que nada tienen que ver con que la cosa que se ha entregado sea inhábil o distinta a la que se había acordado en el contrato. En el sentido expuesto se ha pronunciado la **SAP de Madrid n.º 59/2019, de 5 de febrero, ECLI:ES:APM:2019:2122:**

> «Por otra parte y por lo que respecta al presente caso, como ha señalado la doctrina jurisprudencial la adquisición de bienes y vehículos de segunda mano implica la adquisición de un cuerpo cierto, de tal forma que se adquiere en su estado actual, sin que pueda pretenderse un funcionamiento perfecto como si de una cosa nueva se tratara, de tal forma que el comprador lo adquiere a su riesgo y ventura con la expectativa de obtener de él un buen comportamiento, de ahí que se haya sostenido que, en tales supuestos, la necesidad de pequeñas reparaciones no afecta al debido cumplimiento de su obligación de entrega por parte del vendedor (por todas la STS de 7/4/1993 y SAP Granada 3ª de 15/3/2013 y las que en ella se citan)».

Sin embargo, lo anterior no supone que en la venta de segunda mano no resulte de aplicación la doctrina del *aliud pro alio*, sino que la misma entra en juego cuando **los defectos de los que adolece la cosa la hacen inidónea para satisfacer el interés del comprador.** Por ejemplo, en los casos de venta de vehículos de segunda mano la **SAP de Granada n.º 29/2024, de 30 de enero, ECLI:ES:APGR:2024:52,** expone algunos supuestos en los que se entiende que concurre este incumplimiento, señalando como tales:

> «(...) Por lo que se refiere a vehículos de segunda mano, las sentencias antes citadas entienden que concurre tal incumplimiento cuando el cuenta kilómetros ha sido alterado (SAP Navarra 14-1- 1999), cuando es precisa la sustitución del motor y bomba de inyección (SAP Murcia 18-10-1995), cuando el motor está gripado (SAP Teruel 10-5- 1995), cuando el vehículo tiene las piezas gastadas a consecuencia de haber recorrido más kilómetros que los que recoge el cuenta kilómetros (SAP Soria, 17-6- 1997), cuando su estado no garantiza la seguridad, con independencia de que haya pasado la ITV (SAP Alicante, 12-4-2000) o, en fin, cuando el vehículo presenta defectos en los cilindros y en los pistones determinantes de una disminución de potencia y sobrecalentamiento del motor (SAP León, 6-7-1999)" (Sentencia de la Audiencia Provincial de Zaragoza (Sección Quinta) de 15 de febrero de 2006)" (...)».

Asimismo, los tribunales entienden que la posibilidad efectiva de invocación del *aliud pro alio*, en último término, **debe hacerse depender de la insatisfacción de la buena fe del comprador,** esto es, y siguiendo con el supuesto de compraventa de un vehículo, que el resultado final del estado de este —reparaciones, inmovilización, etc.— podría ser esperado por el comprador atendiendo a la edad del vehículo y el hecho de haber pasado por diversas manos antes de su definitiva adquisición. Señalan en este punto los tribunales en sentencias como la **SAP de Toledo n.º 606/2023, de 18 de julio, ECLI:ES:APTO:2023:1075,** que no resulta amparable en el art. 1124 del CC el comprador que pudiese o debiese haber conocido cuál era el resultado esperable del vehículo atendiendo a las circunstancias del caso.

Como hemos visto cuando resulta de aplicación el Código Civil, esto es, cuando la compraventa se realiza entre particulares, si concurre un supuesto de *aliud pro alio* resultan de aplicación los arts. 1101 y 1124 del CC, pero **¿qué sucede si la compraventa es entre un profesional y un particular?** En este caso, si concurre *aliud pro alio* se deberá alegar la **falta de conformidad conforme a los art. 115 y siguientes del TRLGDCU.** La falta de conformidad se refiere a cualquier desviación de los bienes entregados, tal como señala la **SAP de Ourense n.º 53/2024, de 25 de enero, ECLI:ES:APOU:2024:126:**

> «La falta de conformidad es un concepto jurídico que pretende describir cualquier desviación de los bienes entregados respecto de las expectativas fundadas del comprador en el contrato de compraventa, equiparándose conformidad con exacto cumplimiento del contrato, es decir, adecuada correspondencia entre la cosa que el vendedor entrega y la cosa tal y como efectivamente fue concebida por las partes en el momento de perfeccionar el contrato. Es un concepto que engloba el cumplimiento defectuoso o inexacto, los vicios o defectos de la cosa, e incluso, la prestación distinta a la pactada o "aliud pro alio". Por ello la utilización del concepto de conformidad implica suprimir el sistema especial de responsabilidad propio del saneamiento por vicios ocultos y unificar el sistema de responsabilidad por el incumplimiento de cualquier obligación en la compraventa.
>
> La falta de conformidad es una manifestación más del incumplimiento contractual que da lugar a la aplicación del sistema general de remedios propios del incumplimiento, si bien con las particularidades propias de la naturaleza de la obligación incumplida».

Las **posibles acciones que puede ejercitar el consumidor** se contemplan en el art. 117 del TRLGDCU, el cual posibilita que el mismo, mediante una simple declaración, exija al empresario que:

- Subsane la falta de conformidad.
- Reduzca el precio.
- Resuelva el contrato.

La Audiencia Provincial de Huelva en **la sentencia n.º 668/2023, de 25 de octubre, ECLI:ES:APH:2023:1083,** ha señalado que el catálogo de acciones que se derivan de la falta de conformidad exige que la resolución venga precedida de la pretensión de reparación del bien por el profesional. Ahora bien, si desde el inicio el defecto conlleva la inhabilidad del objeto para el que fue adquirido, no puede obligarse al consumidor a la previa reparación, ya que esto supondría establecer en una peor condición que si resultase aplicable el art. 1124 del CC. La mentada sentencia señala:

> «Es cierto que el catálogo de acciones que se derivan de la falta de conformidad en la regulación contenida en el TRLGCYU exige que la reso-

lución como alternativa satisfactiva del consumidor, venga precedida de la pretensión de reparación del bien por el profesional, que es lo que interesa el demandado en su recurso. Sin embargo, protección que dispensa la normativa de consumidores no puede generar el efecto que finalmente se produciría de impedir la resolución del contrato, cuando el objeto entregado constituye un aliud pro alio, es decir, no responde a las características pactadas y la finalidad pretendida, haciéndolo inhábil para el destino y uso pactado. La regulación del TRLGCYU pretende suavizar las exigencias del artículo 1124 del CC, pues ante defectos o falta de conformidad que en sí mismas no tengan carácter sustancial a los efectos de resolución de una obligación recíproca, se atribuye tal efecto cuando instada la reparación el profesional no la realiza o lo hace en términos gravosos para el consumidor. Sin embargo, si desde el inicio el defecto conlleva una inhabilidad del objeto en sí para el fin adquirido, un aliud pro alio, obligar al consumidor a la previa reparación para obtener el efecto resolutorio final le haría de peor condición que a un no consumidor que ejercitara la acción resolutoria al amparo del artículo 1124 del CC».

5.
EL PROCEDIMIENTO
PARA RECLAMAR

Una de las principales preocupaciones cuando se adquiere un vehículo de segunda mano es saber qué ocurrirá si aparecen defectos en el mismo que el comprador desconocía al realizar la compra.

En estos casos es importante distinguir si se trata de una compraventa entre particulares o si, por el contrario, el vehículo se compró a un concesionario o vendedor profesional.

Si bien la existencia de defectos o vicios en las compraventas de segunda mano pueden dar lugar a distintas acciones genéricas de nulidad y anulabilidad del contrato por inexistencia o vicio de alguno de sus elementos esenciales, también existen en nuestro ordenamiento acciones más específicas para que el comprador pueda reclamar al vendedor si este incumple su obligación de entregar la cosa sin vicios ni defectos, y con la aptitud precisa para ser destinada al uso previsto.

Estas acciones más específicas son clasificadas por nuestra jurisprudencia menor en 4 bloques (**SAP de Guadalajara n.º 513/2021, de 21 de diciembre, ECLI:ES:APGU:2021:834** o **SAP de Valencia n.º 176/2023, de 14 de abril, ECLI:ES:APV:2023:3035**):

- Acciones edilicias. Se incluyen aquí la acción redhibitoria y la acción estimatoria o *quanti minoris*.
- Acción de responsabilidad por dolo del vendedor.
- Acción de resolución o de resarcimiento en caso de pleno incumplimiento del vendedor por inhabilidad absoluta del objeto, lo que se conoce como *aliud pro alio*.
- Acción de resarcimiento por el defectuoso o parcial cumplimiento de la obligación.

5.1. Reclamaciones entre particulares

Como punto de partida a la hora de reclamar a un vendedor particular hay que tener en cuenta que no es posible aplicar el Real Decreto Legislativo 1/2007, de 16 de noviembre, por el que se aprueba el texto refundido de la Ley General para la Defensa de los Consumidores y Usuarios y otras leyes complementarias, lo que conlleva, *a priori*, unas menores garantías ya que se aplicaría lo dispuesto en el Código Civil, centrándonos en el estudio de las acciones recogidas en los **artículos 1484** y siguientes.

Sobre la regulación aplicable en estas reclamaciones se pronuncia, por ejemplo, la **sentencia de la Audiencia Provincial de Lugo n.º 105/2023, de 27 de febrero, ECLI:ES:APLU:2023:170**, en los siguientes términos:

> «Ante todo decir que el Real Decreto-ley 7/2021, de 27 de abril, de transposición de directivas de la Unión Europea en las materias de competencia, prevención del blanqueo de capitales, entidades de crédito, telecomunicaciones, medidas tributarias, prevención y reparación de daños medioambientales, desplazamiento de trabajadores en la prestación de servicios transnacionales y defensa de los consumidores, citado por el recurrente no resulta de aplicación, dado que estamos ante un contrato entre particulares y la citada normativa resulta de aplicación a los contratos celebrados entre consumidores y empresarios.
>
> Cuando la compra se realiza a un particular es el propio Código Civil en sus artículos 1461 y 1484 el encargado de establecer el marco de la garantía. En concreto resulta de aplicación los artículos 1484 y 1486 del Código Civil, tal y como reflejó la sentencia impugnada».

Tal y como se puede leer en la **sentencia de la Audiencia Provincial de A Coruña n.º 182/2023, de 29 de junio, ECLI:ES:APC:2023:1694**: «(...) el vendedor adquiere el compromiso de facilitar al adquirente una posesión pacífica y útil del objeto comprado. Centrándonos en los defectos de utilidad por los vicios o defectos ocultos que pueda presentar la cosa vendida, (...) el vendedor tiene la obligación que el Código Civil denomina de «saneamiento», y que en otros Códigos (y en lenguaje vulgar) responde al concepto de «garantía». El vendedor "garantiza" la bondad de lo vendido».

CUESTIÓN

Cuando he comprado un coche de segunda mano a un particular ¿qué plazo tengo para reclamar?

En estos casos el plazo en el que puedo reclamar será de 6 meses tras la compra (art. 1490 del CC). Cabe citar aquí la **sentencia de la Audiencia Provincial de Alicante n.º 297/2023, de 26 de mayo, ECLI:ES:APA:2023:1087**, en la que recoge que: «En caso de que el comprador detecte algún defecto oculto durante los seis meses posteriores a la entrega del coche, el vendedor estará obligado a responder por ello. Una vez que se realice una denuncia y se demuestre que el defecto es anterior a la compra del vehículo, el vendedor deberá abonar el importe de la reparación necesaria o rescindir el contrato de compraventa y devolver el importe de la transacción al comprador».

¿En qué casos puedo reclamar?

Hay que recordar que en virtud de lo dispuesto en el **artículo 1484 del CC** el vendedor está obligado a sanear los defectos ocultos que tuviese la cosa vendida, en este caso el vehículo, en dos supuestos:

- Cuando el defecto oculto lo haga impropio para el uso al que se destina.
- Cuando disminuya su uso de tal forma que de haberse conocido el mismo no se habría adquirido, o se hubiese pagado menos por el vehículo.

Estas reclamaciones serán viables tanto si el vendedor conocía los defectos o vicios ocultos, como si no, si bien puede pactarse lo contrario, en cuyo caso el vendedor no respondería de los vicios o defectos desconocidos para él **(art. 1485 del CC)**. En este sentido es clara la **sentencia de la Audiencia Provincial de Alicante n.° 137/2005, de 31 de marzo, ECLI:ES:APA:2005:4370**, cuando señala que: «(...) cabe precisar que el hecho de que la referida avería no fuera conocida por el vendedor en modo alguno le exime de responsabilidad pues en las acciones ediciales, el carácter oculto debe ser considerado, en todo caso, en relación con el comprador, no con el vendedor, cuya convicción, a estos efectos, se considera irrelevante».

CUESTIONES

1. ¿Puede reclamarse al vendedor por un defecto manifiesto?

No, el art. 1484.1 del CC excluye esta posibilidad expresamente, al disponer que el vendedor no responderá de los defectos manifiestos o que estuvieran a la vista. Además, añade que en el caso de defectos que no estén a la vista, si el comprador es un perito que por su profesión debía conocerlos fácilmente, tampoco se podrá exigir responsabilidad por ellos al vendedor.

2. A estos efectos, ¿qué se entiende por perito?

Citando la **sentencia de la Audiencia Provincial de Huelva n.° 148/2007, de 5 de noviembre, ECLI:ES:APH:2007:784**: «(...) la expresión perito a que se refiere el artículo 1484 del Código Civil ha de entenderse no en el sentido técnico de persona con título profesional en una determinada materia, sino el de persona que por su actividad profesional tenga cualidades para conocer las características de determinadas cosas o materiales, lo que -en el concreto caso litigioso- apreció en quienes, como los relacionados compradores-demandados, explotaban una empresa para la realización de productos con determinados materiales, pues que la normal lógica impone que quien fabrica deba conocer las adecuadas calidades del material a emplear en la fabricación».

¿Qué puedo reclamar?

El Código Civil ofrece en su **artículo 1486** dos opciones al comprador de un vehículo con defectos ocultos, conocidas como acciones edilicias:

- **Acción redhibitoria**: desistir del contrato debiendo el vendedor abonarle los gastos que pagó.
- **Acción *quanti minoris***: que se refiere a una rebaja en el precio, es decir, el comprador puede optar por elegir una rebaja en el precio de una cantidad proporcional.

El **artículo 1486 del CC** también contempla la **acción de responsabilidad por dolo, o** *in contrahendo*, para aquellos casos en los que se haya optado por la rescisión del contrato, donde podrá exigirse también una indemnización por los daños y perjuicios causados cuando el vendedor fuese conocedor de los vicios o defectos ocultos del vehículo vendido, y no informase al comprador. En este **sentido cabe destacar la sentencia del Tribunal Supremo n.º 757/2007, de 21 de junio, ECLI:ES:TS:2007:4481,** en la cual se recuerda la postura que nuestro Alto Tribunal tiene al respecto: «(...) según se ha dicho reiteradamente, **la "quanti minoris" "no tiene una finalidad indemnizatoria, sino de restablecimiento de la equidad contractual"** (STS 23 de septiembre de 2003), siendo por ello incompatible con una indemnización complementaria ("si se ejercita la acción «quanti minoris», no se puede obtener más que una reducción o rebaja en el precio, no una indemnización de daños y perjuicios complementaria; **esta acción indemnizatoria la reserva única y exclusivamente el art. 1486 CC para cuando se ejercite la acción redhibitoria",** STS 14 de junio de 1996) (...)».

> **A TENER EN CUENTA.** Es muy importante a la hora de ejercitar estas acciones especificar con claridad en el suplico de la demanda la opción por la que se opta y no confundir la rebaja en el precio con una posible indemnización por daños y perjuicios, ya que esta solamente es posible cuando el vendedor ya era conocedor de los defectos y se haya optado por solicitar la rescisión del contrato. En caso contrario, el tribunal podría dictar sentencia reconociendo el vicio oculto, pero no condenando al pago de cantidad alguna, tal y como podemos ver en la **sentencia de la Audiencia Provincial de Gipuzkoa n.º 705/2022, de 14 de octubre, ECLI:ES:APSS:2022:1032.**

Conviene destacar que los **casos de rescisión** del contrato implican no solo que el vendedor tenga que devolver las cantidades abonadas por el comprador, sino que también conlleva que este último tenga que poner a disposición del vendedor el vehículo objeto del contrato, y así aparece reflejado, por ejemplo, en la **sentencia de la Audiencia Provincial de Álava n.º 1352/2023, de 27 de noviembre, ECLI:ES:APVI:2023:1273.**

Por el contrario, en los **casos de solicitar una rebaja** en el precio hay que tener en cuenta que: «Cuando se ejercita la acción *quanti minoris*, es frecuente que se termine solicitando el importe de las reparaciones necesarias (en este caso, el valor de un motor nuevo instalado en el vehículo), bien el valor de mercado de la depreciación. Eso un planteamiento equivocado en ambos casos. La acción que confiere el artículo 1486 del Código Civil claramente da derecho exclusivamente a "rebajar una cantidad proporcional del precio, a juicio de peritos". Si se vende un coche usado y se pretende la reparación de los defectos mediante la instalación de un motor nuevo se estaría dejando en estado nuevo lo que se vendió como usado. Por eso el Código Civil no confiere al comprador el derecho a solicitar el importe de la reparación. El derecho que otorga al comprador es que pueda interesar una rebaja del precio. Y esa rebaja del precio ha de ser "proporcional, a juicio de peritos". Esta expresión quiere decir que **debe establecerse una proporción entre la incidencia del vicio en el total del objeto vendido, y aplicar ese porcentaje al precio real de la compraventa.** Es por ello que el Código exige la intervención de peritos, para determinar el porcentaje de afectación. La norma comentada permite a la parte optar por dejar sin efecto el contrato (lo que no se pide), o por una rebaja (lo pedido). Pero nunca autoriza a pedir el importe de la reparación». **SAP de A Coruña n.º 182/2023, de 29 de junio, ECLI:ES:APC:2023:1694.**

A TENER EN CUENTA. La jurisprudencia menor no es unánime en este sentido y podemos encontrar distintas sentencias que consideran que el importe de la rebaja debe ser el mismo que el de los gastos abonados para su subsanación; véase por ejemplo, la **sentencia de la Audiencia Provincial de Navarra n.º 683/2023, de 27 de septiembre, ECLI:ES:APNA:2023:1079**: «Se trata de defectos en la cosa vendida o vicios ocultos puesto que concurren los requisitos clásicos de esta figura (cfr. STS 249/1970, de 31 de enero): a) consisten en anomalías que distinguen la cosa que lo padece de las de su misma especie y calidad; b) eran anteriores a la venta; c) no eran conocidos por el adquirente, ni cognoscibles por la simple contemplación de la cosa teniendo en cuenta su preparación técnica; d) hacían el vehículo impropio para su uso normal o lo disminuían de tal modo que de haberlo conocido el comprador no lo hubiera adquirido o habría dado menos precio por el mismo. Y tales defectos justifican la rebaja del precio de compra poniendo a cargo del vendedor el importe a que ascienden las reparaciones necesarias, a fin de conseguir con ello restablecer el equilibrio entre las contraprestaciones de las partes, conforme a la acción estimatoria prevista en el art. 1486 CC conducente a "rebajar una cantidad proporcional del precio, a juicio de peritos"».

RESOLUCIÓN RELEVANTE

Sentencia de la Audiencia Provincial de Valencia n.º 80/2022, de 23 de febrero, ECLI:ES:APV:2022:898

Asunto: Acciones para el remedio y reparación de los vicios ocultos

«Las acciones edilicias: La acción redhibitoria.- 2.1.-Teniendo en cuenta el objeto del presente procedimiento que no es otro que el ejercicio de la acción redhibitoria de los arts. 1485 y 1486 Cc, cabe recordar que como ha señalado reiteradamente la jurisprudencia, la existencia de defectos o vicios de la cosa vendida da lugar al nacimiento de múltiples acciones para su remedio y reparación. Así, aparte de las acciones genéricas y propias de todo contrato de nulidad y anulabilidad por inexistencia o vicio de alguno de sus elementos esenciales - artículos 1261 y 1300 y siguientes del Código Civil- nacen otras acciones específicas a favor del comprador por incumplimiento de las obligaciones del vendedor de entregar la cosa sin vicios ni defectos y con la aptitud precisa para ser destinada al uso previsto como propio según sus caracteres, y ente ellas: a) Las acciones edilicias (redhibitoria y estimatoria o "quanti minoris"), tanto en su régimen general - artículos 1484, 1485, 1486, primero, y 1490- como en el especial de los animales - artículos 1491 y siguientes del Código Civil -. b) Las de responsabilidad por dolo del vendedor -artículo 1486, párrafo segundo, 1487 y 1488- c) La acción de resolución o de resarcimiento en caso de pleno incumplimiento del vendedor por inhabilidad absoluta del objeto o "aliud pro alio", que produce la consiguiente insatisfacción del comprador - artículo 1101 y 1124 del Código Civil -. d) La de resarcimiento por el defectuoso o parcial cumplimiento de la obligación, que no hace a la cosa inservible para el uso previsto, pero que entraña una entrega de aquella en condiciones distintas de las debidas y exigibles -artículos 1091, 1101, 1124 y 1258 del Codigo Civil-».

CUESTIÓN

¿Pueden ejercitarse conjuntamente la acción redhibitoria y la acción de resolución contractual?

Sí, y así está reconocido por nuestros tribunales. A título de ejemplo, podemos citar la **sentencia de la Audiencia Provincial de Segovia n.º 6/2023, de 18 de enero, ECLI:ES:APSG:2023:19**, en la que expresamente se resuelve esta cuestión y se analiza la distinta caducidad/prescripción de ambas acciones:

«En cuanto a la posible aplicación conjunta de ambas acciones, la edilicia y la de incumplimiento contractual, ha tenido ocasión de pronunciarse de forma reiterada el Tribunal Supremo, que admite su compatibilidad. (...)

Se refiere a continuación, para justificar el interés casacional que alega, a la sentencia de 30 junio 1997, que transcribe parcialmente, para justificar la aplicación al caso de un plazo de prescripción de quince años propio de las acciones personales que no tengan señalado un plazo especial para su ejercicio, según la redacción entonces vigente del artículo 1964 CC, con referencia al ejercicio de una acción resolutoria por incumplimiento y de indemnización de daños y perjuicios.

La doctrina de esta sala ha venido considerando que, cuando el vicio o defecto elimina totalmente la utilidad, idoneidad o aptitud de la cosa para satisfacer el interés del comprador, la situación excede de la prevista en los artículos 1484 y 1486 del Código Civil (SSTS 1036/1999, de 27 noviembre; 315/2004, de 22 abril; 812/2007, de 9 julio 2007) y procede la utilización de las acciones generales sobre incumplimiento total y resolución de los contratos sinalagmáticos. En concreto la sentencia núm. 812/2007, en la misma línea que la citada por la parte recurrente, dice que "Uno de los supuestos de incumplimiento que abren paso a la protección que dispensan los artículos 101 y 1124 CC, susceptible también de ser contemplado bajo el principio de la identidad e integridad del pago (art.1166 CC), es el de entrega de cosa distinta o aliud por alio, que se produce cuando el objeto entregado por el vendedor es inhábil para el cumplimiento de su finalidad (SSTS, entre otras, de 26 de octubre de 1987, 29 de abril de 1994, 10 de julio de 2003, 28 de noviembre de 2003, 21 de octubre de 2005, 15 de noviembre de 2005, 14 de febrero de 2007 y 23 de marzo de 2007). La acción de saneamiento por vicios ocultos no presupone necesariamente un incumplimiento sustancial de la obligación de entrega, pues ésta tiene por objeto la cosa vendida en el estado en que se hallare al tiempo de la perfección del contrato (artículo 1468 CC) y, en consecuencia, la acción por incumplimiento cuando existe un aliud por alio no está sujeta al plazo de caducidad de las acciones edilicias (SSTS de 10 de mayo de 1995, 30 de noviembre de 1972; 29 de enero de 1983, 23 de marzo de 1983; 20 de febrero de 1884; 12 de febrero de 1988, 2 de septiembre de 1998, 12 de abril de 1993, 14 de octubre de 2000, 28 de noviembre de 2003, 15 de diciembre de 2005), doctrina mediante la cual se remedian los abusos en que se traduciría la aplicación excluyente de la acción de saneamiento"».

Hay que tener en cuenta que cuando el vehículo vendido se pierda por efecto de los vicios ocultos, el **art. 1487 del CC** dispone que:

- En caso de que los defectos fuesen conocidos por el vendedor será este el que sufra la pérdida y el que deberá restituir el precio y abonar los gastos del contrato con los daños y perjuicios.

- Y en el supuesto de que no fuese conocedor de los vicios o defectos únicamente deberá restituir el precio y abonar los gastos del contrato que hubiese pagado el comprador.

CUESTIÓN

¿Puede reclamarse en caso de que el vehículo se pierda tras la venta por caso fortuito o por culpa del comprador?

El art. 1488 del CC establece que:

«Si la cosa vendida tenía algún vicio oculto al tiempo de la venta, y se pierde después por caso fortuito o por culpa del comprador, podrá éste reclamar del vendedor el precio que pagó, con la rebaja del valor que la cosa tenía al tiempo de perderse.
Si el vendedor obró de mala fe, deberá abonar al comprador los daños e intereses».

Tal y como se contempla en la **sentencia de la Audiencia Provincial de Alicante n.º 137/2005, de 31 de marzo, ECLI:ES:APA:2005:4370**, en el art. 1488 del CC «(...) se condiciona la posible rebaja del valor de la cosa vendida a que, a pesar de que la misma tuviera un vicio oculto, su pérdida fuera consecuencia de caso fortuito o de culpa del comprador».

Siguiendo lo dispuesto en la **sentencia de la Audiencia Provincial de Valencia n.º 333/2023, de 6 de julio, ECLI:ES:APV:2023:3558**, podemos afirmar que los requisitos necesarios para poder ejercitar las acciones edilicias, o lo que es lo mismo, para poder exigir el saneamiento por vicios ocultos, son:

- **La entrega de una cosa viciada**. El vicio del vehículo puede consistir en un defecto o imperfección, o en una alteración de la calidad o cualidades del citado vehículo o de alguno de sus componentes, cuando disminuyan la utilidad que la cosa reporta al comprador atendiendo al uso que se pactó en el contrato, o en su defecto, al que por naturaleza se destina la cosa.

- **El vicio debe existir en el momento de la perfección del contrato,** ya que en caso contrario —vicios posteriores— se aplicarían las reglas sobre el riesgo en el contrato de compraventa.

- **El vicio debe ser oculto**, es decir, no podrá exigirse el saneamiento de vicios que puedan ser apreciados fácilmente en la oportuna inspección del bien con motivo de la entrega.

- Debe tratarse de **vicios graves**. Es necesario que estemos ante un vicio que haga la cosa impropia para el uso al que se la destina o que disminuya de tal modo ese uso que no se habría adquirido, o se habría pagado menos por ella, en caso de haberse conocido con antelación.

CUESTIÓN

¿A quién corresponde la carga de la prueba?

La Audiencia Provincial de Lugo da respuesta a esta cuestión al recoger en su sentencia n.º 105/2023, de 27 de febrero, ECLI:ES:APLU:2023:170, que: «(...) será el comprador/actor/recurrente quien tenga que probar que la existencia de la avería (...) era anterior a la adquisición del vehículo (...)». En el mismo sentido se pronuncia también la **sentencia de la Audiencia Provincial de Segovia n.º 6/2023, de 18 de enero, ECLI:ES:APSG:2023:19**, en la que se dice: «(...) que estos defectos puedan no ser conocidos por parte del comprador no exime a este de la necesidad de probar que los mismos existían antes de la compraventa y de la gravedad de los mismos (...)».

¿Qué pasos deben seguirse para reclamar al vendedor por los vicios o defectos?

A la hora de llevar a cabo la reclamación por vicios ocultos hay que tener en cuenta que la misma tiene un **plazo de caducidad de 6 meses** cuando estamos hablando de **compraventas entre particulares**, lo que requiere que haya que actuar con rapidez ante la brevedad del mismo.

El **art. 1490** del CC dispone que:

> «Las acciones que emanan de lo dispuesto en los cinco artículos precedentes se extinguirán a los seis meses, contados desde la entrega de la cosa vendida».

Nuestros tribunales se han pronunciado sobre la naturaleza de este plazo, calificando el mismo como plazo de caducidad y no de prescripción. Así la **sentencia de la Audiencia Provincial de Madrid n.º 379/2020, de 13 de noviembre, ECLI:ES:APM:2020:13294**, afirma:

> «La primera cuestión que se debe examinar en el presente recurso consiste en determinar si el plazo fijado en el artículo 1.490 del Código Civil es de prescripción o de caducidad.
>
> La Sentencia del Tribunal Supremo de 8 de julio de 2010, declara:
>
> "El artículo 1490 del Código civil, como se ha apuntado, dispone que **las acciones de saneamiento por vicios ocultos se extinguen a los seis meses, contados desde la entrega de la cosa vendida y se trata de un plazo de caducidad**, como reiteradamente ha mantenido esta Sala en sentencias de 9 de noviembre de 1990, 6 de noviembre de 1995, 27 de noviembre de 1999 y 28 de septiembre de 2000, que implica la extinción del derecho que nace con un plazo de vida, derecho de duración limitada, que se extingue por el transcurso del plazo, sin necesidad de ningún otro requisito: así lo ha entendido la jurisprudencia desde la emblemática sentencia de 30 de abril de 1940 y que se ha reiterado en las de 12 de febrero de 1996, 12 de julio de 1997, 10 julio de 1999 . Extinción automática, ipso iure y se ha dado en la doctrina una frase muy gráfica: "el derecho, más que morir, no ha llegado a nacer".
>
> Criterio que es ratificado por las STS de fecha 27 de junio de 2019 y de 10 de diciembre de 2015, no existiendo controversia alguna al respecto».

CUESTIÓN

¿Puede interrumpirse este plazo de caducidad enviando una reclamación extrajudicial al vendedor?

La ya mencionada sentencia de la Audiencia Provincial de Madrid n.º 379/2020, de 13 de noviembre, ECLI:ES:APM:2020:13294, se pronuncia expresamente sobre esta posibilidad y señala que:

«La Jurisprudencia del Tribunal Supremo declara que la caducidad puede estimarse de oficio, y no admite causa de suspensión ni de interrupción, al tener un efecto radical y extintivo. Así la STS de 11 de marzo de 1.987 declara que: "se establece que "la caducidad no admite la interrupción del tiempo" y la interpelación judicial después de haber transcurrido, es totalmente improsperable", y las fechadas en 26 de junio de 1974 y 7 de mayo de 1981, expresan que "el plazo del artículo 1490 debe reputarse

> *de caducidad, y en consecuencia, no admite interrupción, ni siquiera a través del acto de conciliación". "Por su parte, las SSTS de 30 mayo 1984, 14 febrero 1986 y 16 diciembre 1993 y 31 de julio de 2000, declaran que los modos de interrupción aplicables a la prescripción no lo son a la caducidad "ya que este plazo no lo interrumpe el acto de conciliación, sino que sólo el verdadero ejercicio de la acción en el juicio correspondiente impide el efecto preclusivo de su fatal fenecimiento".*
>
> *Aunque excepcionalmente puede interrumpirse el plazo de caducidad mediante otro acto procesal válido que sea de los que, genérica o específicamente, integren el procedimiento al que afecte el plazo (STS Sala 1ª, de 8 de noviembre de 1983), pero fuera de estos casos no se admite suspensión alguna de su plazo, por lo que el burofax remitido por el actor a la demandada no suspendieron el cómputo del plazo de caducidad legalmente establecido».*

En estos casos puede resultar conveniente realizar una **reclamación extra-judicial** para evitar tener que solicitar auxilio judicial, pero siempre teniendo en cuenta que la misma no interrumpirá el plazo de caducidad. Hay que valorar que, en la mayoría de estas pretensiones, cuando se acude a la vía judicial resulta necesario un informe pericial completo que certifique la existencia del vicio y su carácter previo a la compra (siendo admitidos en muchos casos los mecánicos que han visto el coche en el taller), lo que sumado al resto de costes que conlleva acudir a los tribunales puede convertir la reclamación judicial en antieconómica.

Las principales ventajas de presentar una reclamación extrajudicial serían, por tanto:

- Menor coste económico.
- Mayor agilidad a la hora de resolverse.
- Posibilidad de evitar el procedimiento judicial.
- Aumenta las posibilidades de obtener una condena en costas.

Cuando la reclamación extrajudicial no fructifique el comprador afectado tendrá la posibilidad de **iniciar un proceso judicial** ejercitando alguna de las distintas acciones que para estos casos ofrece el ordenamiento jurídico, pudiendo diferenciar las genéricas correspondientes a todo contrato relativas a su nulidad o anulabilidad, y las específicas a favor del comprador por el incumplimiento de las obligaciones del vendedor de entregar la cosa sin vicios ni defectos y con la aptitud precisa para que pueda destinarse al uso que tiene previsto como propio —acciones edilicias (redhibitoria y *quanti minoris*), acción de responsabilidad por dolo del vendedor, acción de resolución por incumplimiento y acción de resarcimiento por el defectuoso cumplimiento de la obligación—. En este sentido se ha pronunciado reiteradamente la Audiencia Provincial de Valencia, pudiendo citar, como ejemplo, su **sentencia n.° 333/2023, de 6 de julio, ECLI:ES:APV:2023:3558**.

Además, hay que destacar que nuestros tribunales admiten la compatibilidad de las acciones, pudiendo citar a título ilustrativo la **sentencia de la Audiencia Provincial de Zaragoza n.° 256/2015, de 5 de junio, ECLI:ES:APZ:2015:1210**:

> «Así el Tribunal Supremo, no sin vacilaciones, ha llegado a declarar la compatibilidad de las acciones antes indicadas; en este sentido puede citarse la sentencia de, 3 Feb. 1986 que, a su vez, se apoya en las sentencias de dicho

Tribunal de 6 May. 1911, 1 Jul. 1947, 20 Feb y 3 Abr. 1981, 20 Mar y 1 Jun. 1982, 19 Dic. 1984, 19 Abr. 1928, 6 Jun. 1953 y 4 Ene. 1982. Igualmente, gran parte de la doctrina, con las teorías conceptualistas y funcionalistas, viene a distinguir entre diversos tipos de defectos, manteniendo que aquellos que implican un 'aliud pro alio' se traducirían en un supuesto de incumplimiento mediante la entrega de una cosa distinta, equivalente a la falta de entrega, ante la inhabilidad del objeto suministrado con la consiguiente insatisfacción total y absoluta del comprador, mientras que las demás deficiencias, como deterioros, imperfecciones y adulteraciones, pasarían a ser los vicios estrictamente redhibitorios, que dejarían abierta la vía de las acciones edilicias; en esta línea se encuentran también la mayor parte de las sentencias del Tribunal Supremo, algunas de ellas citadas por la antes mencionada de 3 Feb. 1986 ....'».

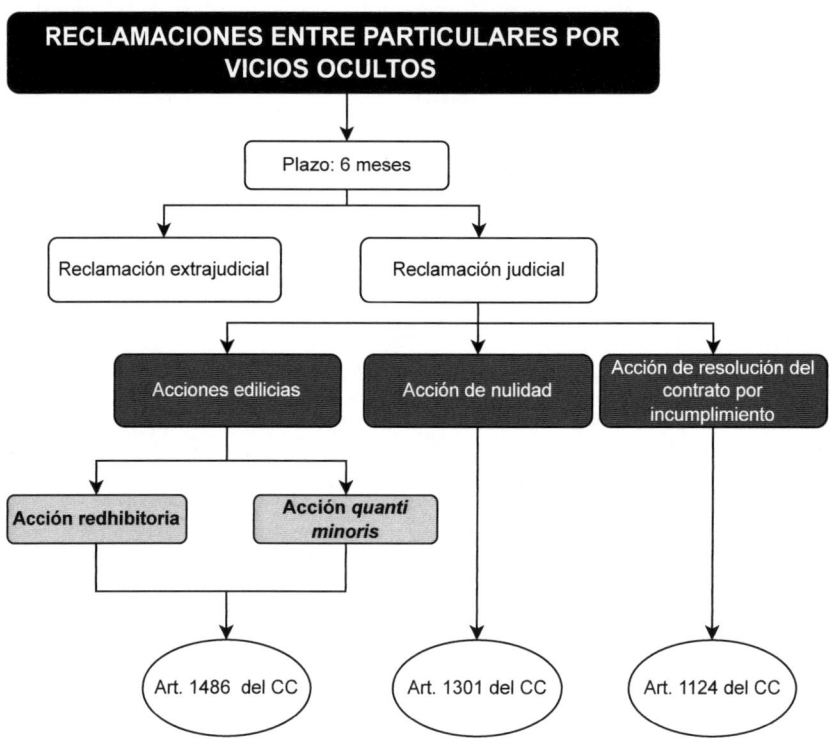

5.2. Reclamaciones a profesionales

En la actualidad son muchos los profesionales dedicados a la compraventa de vehículos de segunda mano (concesionarios, talleres...). En estos casos el comprador podrá beneficiarse del procedimiento previsto al efecto en el Real Decreto Legislativo 1/2007, de 16 de noviembre, por el que se aprueba el texto refundido de la Ley General para la Defensa de los Consumidores y Usuarios y otras leyes complementarias (TRLGDCU), regulación que resulta más ventajosa para el consumidor que la del Código Civil.

El TRLGDCU dedica su título IV a las garantías y el servicio posventa (**arts. 114** y siguientes). Disponiendo su **art. 116** que:

> «El ejercicio de las acciones que contempla este título será incompatible con el ejercicio de las acciones derivadas del saneamiento previstas en el Código Civil.
>
> En todo caso, el consumidor o usuario tendrá derecho, de acuerdo con la legislación civil y mercantil, a ser indemnizado por los daños y perjuicios derivados de la falta de conformidad».

A TENER EN CUENTA. La regulación mencionada —TRLGDCU— ha sufrido importantes modificaciones en la materia tras el Real Decreto-ley 7/2021, de 27 de abril, en vigor desde el 1 de enero de 2022.

A grandes rasgos podríamos decir que el consumidor podrá reclamar la reparación o sustitución cuando el vehículo no sea conforme al contrato, y en caso de que estas medidas correctoras no sean posibles, o no se lleven a cabo podrá exigir una reducción proporcionada del precio o la resolución del contrato. Así, en palabras de la **sentencia de la Audiencia Provincial de Ourense n.º 53/2024, de 25 de enero, ECLI:ES:APOU:2024:126**: «(...) La reparación y sustitución, que son mecanismos para que los bienes sean puestos en conformidad, son los primeros derechos por los que el consumidor puede optar. La reducción del precio y la resolución del contrato, son derechos subsidiarios, que solo pueden ser actuados por el consumidor en determinados supuestos (no sea posible la puesta del bien en conformidad o el empresario no lo haga en un plazo razonable, se trate de faltas de conformidad graves...)».

RESOLUCIÓN RELEVANTE

Sentencia de la Audiencia Provincial de Navarra n.º 1070/2020, de 1 de septiembre, ECLI:ES:APNA:2021:1436

Asunto: Compra de bienes de segunda mano

«Hemos de tener presente que la adquisición de bienes de segunda mano implica la adquisición de un cuerpo cierto, que se adquiere en el estado en que se encuentra, no pudiendo pretenderse un funcionamiento perfecto como si se tratara de una cosa nueva, debiendo entenderse que el comprador lo adquiere a su riesgo y ventura con la sola esperanza de obtener de él un buen comportamiento, lo que ha conducido a estimar que la necesidad de realizar pequeños ajustes o reparaciones no afecta al cumplimiento de la obligación de entrega que incumbe al vendedor (...)».

¿En qué casos puedo reclamar?

Atendiendo a lo dispuesto en el TRLGDCU podemos afirmar que podrá reclamarse al vendedor cuando el vehículo no sea conforme con el contrato, es decir, cuando no cumpla los requisitos subjetivos y objetivos establecidos.

Los **requisitos subjetivos** que deben de cumplirse para entender la venta como conforme aparecen regulados en el **art. 115 bis del TRLGDCU** y destacan los siguientes:

- El vehículo debe ajustarse a la descripción, tipo de bien, cantidad y calidad y poseer la funcionalidad, compatibilidad, interoperabilidad y demás características que se establezcan en el contrato.
- Debe ser apto para los fines específicos para los que el comprador lo necesite y que este haya puesto en conocimiento del empresario.
- Debe de entregarse con todos los accesorios e instrucciones.
- Debe ser suministrado con actualizaciones.

Por su parte, el **art. 115 ter del TRLGDCU** recoge los requisitos objetivos, de entre los que podemos destacar que:

- El vehículo debe ser apto para los fines a los que se dedica normalmente.
- Debe presentar la cantidad y poseer las cualidades y otras características, en particular respecto de la durabilidad del bien y la funcionalidad, compatibilidad y seguridad que presentan normalmente los bienes del mismo tipo y que el comprador puede razonablemente esperar, dada la naturaleza del mismo y teniendo en cuenta cualquier declaración pública realizada por el empresario, o en su nombre, o por otras personas en fases previas de la cadena de transacciones, incluido el productor, especialmente en la publicidad o el etiquetado.

Por tanto, el comprador del vehículo podrá exigir responsabilidad al empresario ante cualquier falta de conformidad que exista en el momento de la entrega del bien.

CUESTIÓN

¿Cómo podemos definir la falta de conformidad?

Para encontrar una definición de lo que entendemos por falta de conformidad podemos citar la **sentencia de la Audiencia Provincial de Ourense n.º 53/2024, de 25 de enero, ECLI:ES:APOU:2024:126**, en la que se dice que:

*«La falta de conformidad es un concepto jurídico que pretende describir **cualquier desviación de los bienes entregados respecto de las expectativas fundadas del comprador en el contrato de compraventa**, equiparándose conformidad con **exacto cumplimiento del contrato**, es decir, adecuada correspondencia entre la cosa que el vendedor entrega y la cosa tal y como efectivamente fue concebida por las partes en el momento de perfeccionar el contrato. Es un concepto que engloba el cumplimiento defectuoso o inexacto, los vicios o defectos de la cosa, e incluso, la prestación distinta a la pactada o "aliud pro alio". Por ello la utilización del concepto de conformidad implica suprimir el sistema especial de responsabilidad propio del saneamiento por vicios ocultos y unificar el sistema de responsabilidad por el incumplimiento de cualquier obligación en la compraventa.*

La falta de conformidad es una manifestación más del incumplimiento contractual que da lugar a la aplicación del sistema general de remedios propios del incumplimiento, si bien con las particularidades propias de la naturaleza de la obligación incumplida».

¿Qué puedo reclamar?

Cuando el vehículo no fuera conforme con el contrato, el comprador podrá elegir, salvo que alguna de las opciones resulte imposible o suponga costes desproporcionados, entre:

- La reparación.
- La sustitución.

La jurisprudencia ha analizado en qué consisten estas acciones, pudiendo citar como ejemplo, la **sentencia de la Audiencia Provincial de Málaga n.º 380/2024, de 29 de mayo, ECLI:ES:APMA:2024:1987**, en la que se dice que: «(...) La acción de sustitución tiene por finalidad obligar al vendedor a la entrega de un bien conforme con el contrato, sin la falta de conformidad de que adolece el entregado y que se devuelve. La **acción de reparación** obliga al vendedor a realizar una actividad dirigida a adecuar el bien entregado al contrato (...)».

El empresario responderá ante el consumidor de cualquier falta de conformidad que exista en la entrega del bien, pudiendo el consumidor, **mediante una simple declaración**, exigir al empresario la subsanación de dicha falta de conformidad, la reducción del precio o la resolución del contrato. En cualquiera de estos supuestos el consumidor o usuario podrá exigir, además, la indemnización de daños y perjuicios, si procede (**art. 117.1 del TRLGDCU**).

CUESTIONES

1. ¿Puede el empresario negarse a poner el vehículo en conformidad?

El apartado tercero del art. 118 del TRLGDCU faculta al vendedor a negarse a poner el vehículo en conformidad en los siguientes casos:

- Cuando resulte imposible.

- Cuando suponga costes desproporcionados. En este caso deberán tenerse en cuenta todas las circunstancias, y en particular:

- El valor que tendría el vehículo si no hubiese existido falta de conformidad.

- La relevancia de la falta de conformidad.

2. ¿Puede solicitarse al vendedor que asuma el coste de las reparaciones que se realizaron en el vehículo por el comprador ante su dejadez (del vendedor), si las facturas de los arreglos no se encuentran a nombre del comprador?

La Audiencia Provincial de Málaga en su sentencia n.º 179/2024, de 13 de marzo, ECLI:ES:APMA:2024:1523, en un supuesto en el que las facturas se encontraban a nombre de la esposa del demandante, entiende que sí existe legitimación activa para reclamar ese importe, ya que la esposa era la conductora habitual y la que se encargó de las gestiones, pero las facturas corresponden a un vehículo del que es propietario el actor.

El comprador puede exigir que las medidas correctoras cumplan con determinados requisitos enumerados en el **apartado 4 del art. 118 del TRLGDCU** que establece que:

- Deben ser gratuitas para el consumidor.

- Deben realizarse en un plazo razonable desde que el comprador comunica al empresario la falta de conformidad.
- No podrán tener mayores inconvenientes para el comprador del vehículo, teniendo en cuenta la naturaleza del bien, y su finalidad.

Cuando el empresario deba proceder a la reparación o sustitución, el vehículo deberá ponerse a disposición de este, que lo recuperará a sus expensas y en la forma que menos inconvenientes ocasione al consumidor.

CUESTIÓN

¿Puede exigirse al comprador del vehículo algún pago por el uso que haga del mismo durante el periodo previo a su sustitución?

No, el art. 118.7 del TRLGDCU lo prohíbe.

El consumidor, en este caso el comprador del vehículo, podrá exigir una **reducción proporcionada del precio, o la resolución del contrato** cuando se dé alguno de los siguientes supuestos:

- Que la medida correctora resulte imposible o desproporcionada.
- Que el vendedor no haya realizado la reparación o la sustitución en los términos del **art. 118 del TRLGDCU**, o no lo haya hecho en un plazo razonable, siempre que el consumidor hubiese solicitado la reducción del precio o la resolución del contrato.
- Que aparezca cualquier falta de conformidad después del intento del empresario de poner el vehículo en conformidad.
- Que la falta de conformidad sea tan grave que justifique la reducción inmediata del precio o la resolución del contrato.
- Cuando el empresario declare, o cuando se desprenda claramente de las circunstancias, que no pondrá el vehículo en conformidad en un plazo razonable o sin mayores inconvenientes para el consumidor.

CUESTIONES

1. Cuando se solicita una reducción en el precio, ¿qué extensión tiene esa reducción?

Según lo establecido en el apartado primero del art. 119 bis del TRLGDCU: «La reducción del precio será proporcional a la diferencia existente entre el valor que el bien o el contenido o servicio digital hubiera tenido en el momento de la entrega o suministro de haber sido conforme con el contrato y el valor que el bien o el contenido o servicio digital efectivamente entregado o suministrado tenga en el momento de dicha entrega o suministro».

2. Y cuando se solicita la resolución del contrato, ¿cuáles son las obligaciones de las partes?

Cuando el comprador quiera resolver el contrato debe realizarlo mediante una declaración expresa al empresario indicando su voluntad de resolución del mentado contrato (art. 119 ter del TRLGDCU). Hay que tener en cuenta que no procederá la resolución cuando la falta de conformidad sea de escasa importancia.

Cuando se opte por la resolución el empresario deberá reembolsar al consumidor todos los importes pagados con arreglo al contrato, y el comprador deberá restituir al empresario el vehículo a expensas de este.

Hay que tener presente que, tal y como recoge la **sentencia de la Audiencia Provincial de Madrid n.º 112/2024, de 29 de febrero, ECLI:ES:APM:2024:3485**: «(...) la extensión de la responsabilidad del vendedor alcanza a la reparación o sustitución del producto en los términos del art. 119 LGDCU y sólo de forma subsidiaria a la rebaja del precio o resolución del contrato de conformidad con su art. 121, para cuando el consumidor "no pudiera exigir la reparación o la sustitución y en los casos en que éstas no se hubieran llevado a cabo en plazo razonable o sin mayores inconvenientes para el consumidor y usuario"».

Con relación al **reembolso** que el empresario debe realizar al comprador o consumidor debido a la reducción del precio o a la resolución del contrato, el **art. 119 quater del TRLGDCU** nos dice que este debe ejecutarse **sin demora indebida y en un plazo máximo de 14 días** desde que el empresario fue informado de la decisión del consumidor de reclamar su derecho o, en el caso de que se trate de una resolución de contrato, desde la recepción del vehículo, o desde que el consumidor aporte prueba de que los ha devuelto.

El reembolso debe realizarse utilizando el mismo medio de pago que el consumidor empleó para la adquisición, salvo pacto en contrario, y en ningún caso podrá suponer un coste adicional para el comprador.

|| Especialidades procedimentales: plazo y carga de la prueba

Dos de las principales diferencias entre la venta del coche de segunda mano por el particular y la venta por el profesional se refieren al plazo para realizar las reclamaciones, y a la carga de la prueba.

Por un lado, hay que destacar que el vendedor (empresario) será responsable de las faltas de conformidad que existan en el momento de la entrega del vehículo, y de las que se manifiesten en un plazo de 3 años desde la entrega.

El **art. 120 del TRLGDCU** regula la posibilidad de acordar un plazo menor, nunca inferior a un año, cuando se trate de bienes de segunda mano.

CUESTIÓN

¿Pueden suspenderse estos plazos?

Sí, estos plazos serán suspendidos por las medidas correctoras (reparación y sustitución). La suspensión comenzará cuando el consumidor ponga el vehículo a disposición del empresario, y finalizará cuando se produzca la entrega del bien ya conforme.

A TENER EN CUENTA. Durante el año siguiente a la entrega del bien ya reparado, el empresario responderá de las faltas de conformidad que motivaron el arreglo, presumiéndose que se trata de la misma falta cuando se reproduzcan los defectos del mismo origen que los inicialmente manifestados.

La acción para reclamar el cumplimiento prescribe a los **5 años desde la manifestación de la falta de conformidad.**

Por otro lado, y con relación a la **carga de la prueba,** hay que destacar que se presume que las faltas de conformidad ya existían cuando se entregó el vehículo en el caso de que se manifiesten en los dos años siguientes a la entrega del mismo. La ley faculta a pactar un plazo inferior que no podrá ser menor de un año cuando se trate de bienes de segunda mano.

Tal y como se recoge en la **sentencia de la Audiencia Provincial de Madrid n.º 281/2023, de 5 de mayo, ECLI:ES:APM:2023:7685**, se trata de una presunción *iuris tantum*, y, por tanto, puede ser combatida por el empresario. Transcurrido el plazo establecido (que antes era de 6 meses y tras la reforma llevada a cabo por el Real Decreto-ley 7/2021, de 27 de abril ha pasado a ser de tres años, pudiendo reducirse hasta un año), será el comprador el que deba probar que la falta de conformidad ya existía en el momento de la adquisición.

RESOLUCIÓN RELEVANTE

Sentencia de la Audiencia Provincial de Jaén n.º 1403/2022, de 23 de diciembre, ECLI:ES:APJ:2022:1812

Asunto: Resumen de jurisprudencia sobre la carga de la prueba

«Al respecto debe tenerse en cuenta la postura de la jurisprudencia menor sobre tales defectos:

La SAP León 9-7-2007, señala que el consumidor debe probar únicamente que el vehículo garantizado ha sufrido averías y que la reparación de las mismas dentro de los seis meses no ha resultado satisfactoria dejando bien en condiciones óptimas para servir al uso que le es propio. Es al vendedor a quién corresponde probar que los problemas detectados no suponen ningún defecto.

La SAP Valencia 23-4-2008 afirma que en las reclamaciones de los consumidores rige la inversión de la carga de la prueba: cuando el consumidor denuncia un vicio en un bien, es el vendedor y productor quién para eludir su responsabilidad, han de acreditar y probar la inexistencia del defecto y que dicho bien se encuentra en perfecto estado de uso y funcionamiento, sin que el consumidor debe aprobar el origen del vicio. Pero esta inversión de la carga de la prueba requiere que la propia existencia del vicio sea evidenciaba de alguna manera, de manera que no basta la mera manifestación del consumidor.

En el caso autos es la actora la que precisamente ha aportado un informe pericial para acreditar los defectos sufridos por el vehículo y la parte vendedora se ha limitado a impugnar el informe pericial de la actora, sin presentar ningún informe alternativo, pese a incumbirle la carga de la prueba.

La SAP Zamora 1-10-2009, declara que el consumidor debe denunciar y advertir del defecto del bien adquirido siendo al fabricante o vendedor al que correspondía acreditar y probar el perfecto estado del objeto o la inexistencia del defecto o problema alegado o bien la reparación plenamente satisfactoria del mismo que revele la condición óptima para el uso de su destino. Sin embargo, si el consumidor pone obstáculos al vendedor para comprobar la falta de conformidad no procederá la presunción reconocida en la forma en la norma a favor del consumidor, sin que en el presente caso el consumidor haya puesto algún tipo de obstáculo, sino precisamente todo lo contrario, como se puede apreciar en la comunicación realizada con la parte vendedora y que se aporta al escrito de demanda».

¿Cómo reclamar al vendedor profesional por los vicios ocultos del coche?

En estos casos tal y como hemos visto en un primer momento bastaría una simple declaración al empresario exigiendo la subsanación de la falta de conformidad, y optando por la sustitución o reparación del coche. De forma subsidiaria, cuando la sustitución o reparación no sea posible o no se lleve a cabo, el consumidor podrá exigir la rebaja del precio o la resolución del contrato.

Sobre la forma de ejercitar estos derechos podemos citar la **sentencia de la Audiencia Provincial de Madrid n.º 112/2024, de 29 de febrero, ECLI:ES:APM:2024:3485**, en la que se señala que:

> «Efectivamente, el art. 118 LGDCU establece cuáles son los derechos del consumidor: la reparación del producto, su sustitución, la rebaja del precio o a la resolución del contrato pero "de acuerdo con lo previsto en este título", es decir, **no son derechos electivos de manera que el consumidor pueda obligar a la vendedora a lo que desee** ejercitando cualquiera de los mismos al margen de lo establecido legalmente, sino **derechos de ejercicio sucesivo** de manera que en primer lugar debe aplicarse el artículo 119, que concede al consumidor la facultad de optar entre la reparación o la sustitución, siendo vinculante la opción realizada salvo que resulte desproporcionada. (...). Por su parte el artículo 120 establece las obligaciones que el vendedor ha de cumplir ante tal opción de reparar o sustituir, que ha de ser de forma gratuita, como lo ha sido, y efectuarse en un plazo razonable y sin mayores inconvenientes parta el consumidor, de manera que en este caso no se ha probado que los plazos no fueran razonables y además los inconvenientes que la privación del uso del vehículo mientras era reparado se produjeron fueron paliados mediante la facilitación de ese vehículo de sustitución. Sólo en el caso de que la reparación no fuera posible o no hubiera dado resultado poniendo el vehículo en conformidad con el contrato, entonces el consumidor podría optar por la rebaja del precio o la resolución del contrato.
>
> Por lo tanto la pretensión de resolución según el art. 120 LGDCU sólo procede cuando no pueda exigir la reparación, lo que no ha sido el caso, cuando no se lleve a cabo en un plazo razonable, lo que no consta o cuando los inconvenientes sean graves, los cuales se han mitigado en la forma dicha».

RESOLUCIÓN RELEVANTE

Sentencia de la Audiencia Provincial de A Coruña n.º 22/2021, de 29 de enero, ECLI:ES:APC:2021:147

Asunto: indisponibilidad de las garantías legales

«La responsabilidad del vendedor profesional se designa como garantía legal (configurada como elemento esencial del contrato, que se rige por normas de carácter imperativo, sin posibilidad de derogación por la voluntad de las partes, e irrenunciable), y se concreta en la obligación de entregar al consumidor bienes o productos que sean conformes con el contrato, respondiendo de cualquier falta de conformidad que exista en el momento de la entrega del producto (...)».

6.
EL DELITO DE ESTAFA EN LA COMPRAVENTA DE VEHÍCULOS DE SEGUNDA MANO

El delito de estafa se encuentra regulado en el **art. 248 del CP**, el cual señala que cometen estafa los que, con ánimo de lucro, utilizaren engaño bastante para producir error en otro, induciéndolo a realizar un acto de disposición en perjuicio propio o ajeno.

El incumplimiento de un contrato puede originar que se aprecie un delito de estafa, ahora bien, es preciso delimitar bien cuándo estamos ante un incumplimiento que genera una responsabilidad civil y cuándo tiene las características precisas para generar la responsabilidad penal, pues no debemos olvidar el principio de intervención mínima del derecho penal que implica que este solo debe aplicarse cuando no sea posible otro sistema de protección menos invasivo.

Con relación a la delimitación del delito de estafa por incumplimiento contractual, el Tribunal Supremo en la **sentencia n.º 660/2013, de 17 de junio, ECLI:ES:TS:2013:4103**, ha establecido:

> «(...) la infracción criminal únicamente nacerá a la vida jurídica cuando el sujeto activo de expresado delito, con anticipada conciencia de que no podrá llevar a cabo la contraprestación a la que se haya obligado, construya ficticiamente las condiciones objetivas para que, aparentando una solvencia de la que carece, induzca al sujeto pasivo a realizar un determinado desplazamiento patrimonial que se produce en la creencia que el negocio civil será concluido a satisfacción de ambas partes contratantes. Para distinguir, pues, cuándo nos encontramos ante un negocio jurídico criminalizado y cuándo ante un mero incumplimiento civil, se han barajado diversas teorías por la jurisprudencia y la doctrina científica, como la del «dolo antecedente» o la del «dolo típico», situación anímica que habrán de deducir los Tribunales de los antecedentes fácticos y de las circunstancias de todo orden que concurran en el supuesto de hecho sometido a su consideración (STS 561/2001, de 3 de abril)».

De la sentencia extractada se deduce que para poder apreciar el delito es necesario que el autor simule su intención de contratar ocultando su decidida voluntad de incumplir sus propias obligaciones contractuales. La jurisprudencia ha señalado que es necesaria la presencia de un engaño como factor antecedente y causal de las consecuencias de carácter económico. Lo que nunca puede fundamentar la tipicidad del delito de estafa es el dolo *subsequens*, esto es, el dolo que ha surgido después del incumplimiento. La **STS n.º 627/2023, de 19 de julio, ECLI:ES:TS:2023:3486**, ha señalado al respecto:

> «En efecto, el dolo de la estafa debe coincidir temporalmente con la acción de engaño, pues es la única manera en la que cabe afirmar que el autor ha tenido conocimiento de las circunstancias objetivas del delito. Sólo si ha podido conocer que afirmaba algo como verdadero, que en realidad no lo era, o que ocultaba algo verdadero es posible afirmar que obró dolosamente. Por el contrario, el conocimiento posterior de las circunstancias de la acción, cuando ya se ha provocado, sin dolo del autor, el error y la disposición patrimonial del supuesto perjudicado, no puede fundamentar el carácter doloso del engaño, a excepción de los supuestos de omisión impropia. Es indudable, por lo tanto, que el dolo debe preceder en todo caso de los demás elementos del tipo de la estafa (STS 8.5.96)».

Delito de estafa en la compraventa de vehículos de segunda mano

En ocasiones en la compraventa de vehículos usados se produce un incumplimiento del contrato motivado porque el vehículo tiene un vicio oculto que supone que no cumple las condiciones bajo las que se perfeccionó el contrato. En estos casos además de la responsabilidad civil que deriva de tal incumplimiento cabe plantearse si sería susceptible de apreciarse un delito de estafa.

Al igual que en cualquier otro delito de estafa, para que el incumplimiento del contrato de compraventa genere la responsabilidad penal es preciso que concurran los elementos del tipo, esto es:

- Engaño precedente o concurrente.
- El engaño ha de ser bastante para la consecución del traspaso patrimonial.
- Producción de un error esencial en el sujeto pasivo.
- Acto de disposición patrimonial por parte del sujeto pasivo.
- Nexo causal entre el engaño del autor y el perjuicio de la víctima.
- Ánimo de lucro del autor.

El supuesto más frecuente en el que los tribunales han apreciado el delito de estafa por un vicio oculto en la compraventa de un vehículo de segunda mano es en el que el vendedor ha manipulado el cuentakilómetros del mismo. Así lo han recogido los tribunales como demuestran, entre otras, las siguientes sentencias:

SAP de Murcia n.º 276/2021, de 27 de septiembre, ECLI:ES:APMU:2021:2326

En el caso analizado en esta resolución el comprador adquiere un vehículo que se ofertaba señalando que tenía 159.000 km, cuando en realidad tenía 380.000. El tribunal entiende que se dan todos los requisitos del delito de estafa por cuanto el engaño es bastante al afectar a un elemento esencial que determina la voluntad del comprador para adquirir el coche. El kilometraje no es un elemento que el comprador pueda comprobar fácilmente si se ha manipulado. Por todo ello el tribunal concluye:

> «Por tanto ninguna duda hay de la existencia del delito de estafa, puesto que se cumplen todos los requisitos jurisprudencialmente exigidos para este tipo de delito. Ordinariamente, en el delito de estafa, el engaño es antecedente a la celebración del contrato, y el sujeto activo del delito conoce de antemano que no podrá cumplir con su prestación (en este caso, no se podía entregar un vehículo con 159.000 km puesto que el vehículo que se entregaba tenía más del doble), y simulando lo contrario, origina un error en la contraparte, que cumple con su prestación, lo que produce el desplazamiento patrimonial que consuma el delito. La modalidad fraudulenta atribuida es la de los denominados 'negocios jurídicos criminalizados', en los que el señuelo o superchería que utiliza el defraudador es el propio contrato, con apariencia de regularidad, a través del cual el estafador piensa aprovecharse económicamente del cumplimiento del otro y de su propio incumplimiento».

SAP de Salamanca n.º 8/2024, de 18 de enero, ECLI:ES:APSA:2024:7

En este supuesto el vendedor por él mismo o por persona interpuesta, modifica el cuentakilómetros estableciéndolo en 48.000 km, cuando en realidad tenía 160.000. Es esta manipulación la que determina que el comprador adquiera el vehículo por lo que debe entenderse que el engaño es suficiente. Razona la sentencia:

> «(...) prueba de cargo suficiente que acreditan la concurrencia de los elementos del tipo de estafa, tipificado en el art 248 CP, objeto de condena y, la participación en el delito del acusado como autor, probándose que fue el acusado quien por sí o por otra persona que actuó por su encargo, quien alteró el cuentakilómetros, con el único fin de aparentar menos kilómetros que los que realmente tenía el vehículo, constituyendo la alteración del cuentakilómetros un engaño bastante que indujo a error al Sr. Patricio, quien en la creencia de que adquiría un vehículo de unos 48.000 km., determinó que comprara el mismo y pagare por él un precio (acto de disposición) superior al valor que tenía el vehículo atendiendo a su kilometraje real, obteniendo de este modo el vendedor/acusado un beneficio, que revela el ánimo de lucro que guiaba la conducta de este último».

Y añade:

> «Son varias las sentencias que califican como constitutivo de delito de estafa conductas como la que ha sido objeto de condena en la sentencia apelada, en casos de venta por profesionales dedicados a la venta de vehí-

culos cuando se altera el cuentakilómetros, de modo que no refleje los kilómetros reales que tiene el vehículo, cuando se oculta tal circunstancia al comprador, supuestos en los que los Tribunales aprecian que dicha alteración constituye engaño suficiente que lleva al comprador a realizar el desplazamiento patrimonial (pago de un precio), quien de haber conocido tal circunstancia no lo hubiera comprado o hubiera pagado un precio inferior. Así puede analizarse la STS 705/2020 de 17 de diciembre, la n.º 364/2023 de la secc. 7 de la AP de Sevilla de 12 de julio, la n.º 128/2023 de la secc. 3 de AP de Oviedo de 10 de abril, la n.º 96/2023 de AP de Albacete de 20 de marzo, la n.º 30/2023 de la AP de Cuenca de 28 de febrero, la n.º 11/2023 de AP de Toledo de 17 de enero, entre muchas otras».

SAP de Bizkaia n.º 90266/2019, de 23 de septiembre, ECLI:ES:APBI:2019:2685

Esta resolución se refiere a una venta en la que además de tener manipulado el cuentakilómetros, también tenía una avería en el motor. En este caso el empresario alega que no existió engaño alegando que el comprador debería haber tenido una mayor diligencia en comprobar datos del vehículo que pretendía comprar. La Audiencia da respuesta al recurso en los siguientes términos:

«En otro orden de cosas, y sobre la alegación de que no hubo engaño, descargando en el perjudicado el peso de comprobar ciertos datos del vehículo que adquiría, tiene dicho esta Sala que —la buena fe y el sentido común son superables mediante engaños como el que aquí se trata, bastantes, relevantes, a nuestro juicio, para el delito de estafa. La manipulación del kilometraje, realizado o, al menos, conocido por los vendedores, no es equivalente a la ocultación de un vicio oculto, sino a la provocación de un estado erróneo de conciencia sobre lo que se adquiere, que de conocerlo no hubiera adquirido o hubiera dado lugar a una modificación sustancial del precio.

El comprador que adquiere a quien gira en el tráfico mercantil como vendedor profesional, está en situación de confiar en que el contrato se realiza sobre bases ciertas, o al menos, no falsificadas precisamente por quien debe proporcionar una información veraz (SAP Bizkaia 90.100/2019, de 2 de abril de 2019).

Así las cosas, hubo prueba de que el recurrente sabía de la avería del motor y de la manipulación del cuentakilómetros del vehículo de autos, conocimiento deliberadamente ocultado al comprador que desde luego, nunca lo hubiera adquirido en las condiciones que finalmente se dieron, concurriendo el engaño configurador de la estafa que debe llevar a la confirmación del pronunciamiento condenatorio».

Finalmente, debemos recordar que el ánimo de lucro es uno de los requisitos necesarios para poder apreciar el delito de estafa, por ello resulta de interés traer a colación la **sentencia del Tribunal Supremo n.º 705/2020, de 17 de diciembre, ECLI:ES:TS:2020:4319**, en la que el recurrente alega que no obtuvo beneficio económico al haber actuado únicamente de intermediario, a lo que el Alto Tribunal responde de la siguiente forma:

«Es verdad, desde luego, que quien aparece como vendedor del turismo y en cuyo favor resultó matriculado primeramente el mismo fue el Sr. Everardo, como también que éste procedió a incorporar a su patrimonio el automóvil entregado por los compradores como parte del precio y el dinero que completaba el mismo. Sin embargo, también la Audiencia Provincial se encarga de poner de manifiesto lo insólito de la alternativa propuesta, en su defensa legítima, por el ahora recurrente, cuando pretende que aceptó recibir en sus instalaciones, precisamente dedicadas a la venta de vehículos usados, el automóvil adquirido por un tercero, así como asumió también encargarse de su venta (los perjudicados expresaron en el acto del juicio oral que ni siquiera llegaron a conocer al titular del vehículo y que todas las negociaciones las mantuvieron con el Sr. Emilio) . Y no solo esto sino que él mismo se ocupó, por cuenta de su mandante, de llevar el automóvil a las instalaciones de la inspección técnica de vehículos, con la finalidad de que pudiera ser debidamente matriculado a nombre del coacusado. Es claro que, aun cuando no hubiera percibido por ello cantidad económica alguna, --hipótesis realmente poco probable desde las reglas de la general experiencia --, sin dificultad podría sostenerse la existencia de un ánimo de lucro en la persona del ahora recurrente, consistente en incrementar, tal como él ha señalado repetidamente, el valor de su negocio o su aceptación entre el público, sirviéndose para ello no sólo de la exhibición del automóvil sino de la fácil venta que el mismo tendría tras la manipulación de su contador de kilómetros. Pero es que, además, por las razones explicadas, por más que el precio convenido fuera inicialmente ingresado por los compradores en cuentas titularidad del coacusado, resulta de todo punto desechable, en términos de racionalidad, la extravagante hipótesis de que el ahora recurrente aceptara poner a disposición de un tercero sus instalaciones profesionales, destinadas a la compraventa de vehículos usados, participando, como por las razones explicadas no cabe duda de que lo hizo, en la alteración fraudulenta de su cuentakilómetros y asumiendo personalmente la venta del automóvil a los perjudicados, todo al efecto de provocar un injusto enriquecimiento en exclusivo beneficio de dicho tercero».

7.
LA POSTURA DE NUESTROS TRIBUNALES ANTE LOS CASOS MÁS COMUNES DE RECLAMACIONES POR COMPRAVENTAS DE COCHES DE SEGUNDA MANO

El mercado de vehículos de segunda mano es cada vez más habitual en nuestra sociedad, lo que conlleva que las reclamaciones debidas a defectos en los coches adquiridos que el comprador desconocía lleguen con mucha más frecuencia a nuestros tribunales.

Si bien nuestra jurisprudencia ha entendido que: «(...) la adquisición de bienes de segunda mano implica la adquisición de un cuerpo cierto, que se adquiere en el estado en que se encuentra, no pudiendo pretenderse un funcionamiento perfecto como si se tratara de una cosa nueva (...)», y que «el vehículo usado se vende en esa condición, es decir con el desgaste natural por el transcurso del tiempo y del uso. En tales circunstancias, el hecho de que se produzcan averías no pone de manifiesto por sí solo, vicio oculto que obligue al saneamiento (...)», lo cierto es que solo cuando el defecto se demuestre que era «(...) anterior a la venta y determinante de la avería y que no pueda ser imputable, precisamente, a la vetustez del vehículo de segunda mano (...)», podrá exigirse responsabilidad al vendedor. (**Sentencia de la Audiencia Provincial de Navarra n.º 1070/2021, de 1 de septiembre, ECLI:ES:APNA:2021:1436**).

En el mismo sentido también la **sentencia de la Audiencia Provincial de Álava n.º 1189/2023, de 10 de octubre, ECLI:ES:APVI:2023:1155**, recoge que el comprador: «(...) está aceptando que al comprar un coche con las características previstas en el contrato de antigüedad y kilometraje, tiene mayor riesgo de sufrir una avería que si el vehículo fuera nuevo o seminuevo, por lo que es indudable que no podría reclamar como consecuencia del deterioro de alguna de las piezas o mecanismos del vehículo adquirido en ese estado, dado que conocía las características del vehículo, antigüedad kilometraje estado de la carrocería, etc., pero a lo que no renunciaba es a los defectos que ya pudieran existir en el vehículo por haberle transmitido el objeto del contrato con un defecto de tal gravedad como los señalados en la demanda».

Si bien no es posible hacer un listado exhaustivo de todos los defectos que podrían llegar a considerarse como vicios ocultos, conviene realizar un análisis de la postura de nuestros tribunales ante algunos de los vicios que con mayor frecuencia han llegado a nuestros juzgados, teniendo siempre presente que habría que atender a las circunstancias concretas de cada caso para poder valorar si puede exigirse responsabilidad al vendedor.

7.1. Alteraciones en el kilometraje

Como punto de partida hay que destacar que la manipulación del kilometraje del vehículo es uno de los vicios que llegan a los tribunales en más ocasiones, pudiendo destacar lo dispuesto en la **sentencia de la Audiencia Provincial de Tenerife n.º 780/2022, de 22 de septiembre, ECLI:ES:APTF:2022:2081**, en la que se valora que las alteraciones en el kilometraje afectan:

- Al uso del vehículo que necesitará reparaciones derivadas del mayor desgaste de las piezas.
- A la utilidad, que también se verá notablemente mermada desde dos perspectivas:
  - La del tiempo durante el que podrá disfrutarse del vehículo de acuerdo con la finalidad a que estaba destinado.
  - La de la calidad de la misma, ya que la perspectiva de un uso y disfrute normal y tranquilo se ve alterada o reducida.

Y por ello concluye que: «Lo cierto es que ese dato, por las razones que acabamos de señalar, puede considerarse esencial para que un consumidor cualquiera adquiera un vehículo de las características y finalidad a que iba destinado el de autos; así lo afirma el demandante, aclarando que los vehículos de segunda mano de las características del de autos son atractivos por su poco uso, lo que supone un menor desgaste de las piezas, lo que fue determinante para adquirir el que es objeto de estos autos», y en consecuencia confirma la sentencia de primera instancia que declaraba rescindido el contrato de compra.

También se muestra contundente la **Audiencia Provincial de Madrid en su sentencia n.º 267/2023, de 6 de julio, ECLI:ES:APM:2023:12863**, que considera que la alteración del kilometraje supone por sí misma un vicio oculto:

«Quedando probada la manipulación del cuenta kilómetros, resulta indiferente en qué momento se haya producido la alteración del mismo, lo determinante es que, existiendo dicha manipulación, a partir de entonces no existe constancia de cuál sea el kilometraje real del automóvil vendido.

La imposibilidad de determinar el kilometraje real supone por sí misma un vicio oculto que impide conocer un dato tan esencial para un automóvil como es su kilometraje, dato que determina la posible vida útil del vehículo y la probabilidad de que tenga que ser sometido a un mayor o menor número de reparaciones a consecuencia del desgaste por uso del mismo. Se trata, en consecuencia, de un vicio oculto invalidante, ya que **no existe motivo para dudar que, de haber sido conocido, el automóvil no se habría adquirido o lo habría sido por un precio significativamente inferior»**.

Por su parte, la **sentencia del Juzgado de Primera Instancia n.º 5 de Pamplona n.º 17/2023, de 12 de enero, ECLI:ES:JPI:2023:235**, realiza un interesante análisis de la manipulación del kilometraje del vehículo antes de su entrega, considerando que se trata de un defecto en el turismo objeto de la compraventa que por no ser apreciable a la vista no pudo ser detectado por el comprador antes de la perfección del contrato, siendo un vicio que se detecta únicamente por perito o técnico. Además, el mentado juzgado señala que una alteración en el kilometraje reúne los requisitos exigidos jurisprudencialmente para que se considere que estamos ante un vicio oculto:

«Concurriendo en consecuencia los presupuestos contemplados por la doctrina y la jurisprudencia relativos al saneamiento por vicios ocultos de la cosa vendida:

a) que el vicio consiste en una anomalía por la cual se distingue la cosa que lo padece de las de su misma especie y calidad;

b) que es preciso que el vicio sea anterior a la venta aunque su desarrollo sea posterior;

c) que es preciso que el vicio no fuera conocido por el adquirente, ni cognoscible por la simple contemplación de la cosa teniendo en cuenta la preparación técnica del sujeto al efecto;

d) que ha de ser de tal naturaleza que haga la cosa impropia para el uso a la que la destina o disminuya de tal modo ese uso, que de haberlo conocido el comprador no lo hubiera adquirido o habría dado menosprecio, es decir, que no se trata de que sea inútil para todo uso, sino para aquél que motivo la adquisición, si nada se hubiere pactado sobre el destino, debiendo entenderse que la cosa fue comprada para aplicarla al uso más conforme con su naturaleza y más en armonía con la actividad a que se dedicaba el adquirente (Sentencia del Tribunal Supremo de 31 de Enero de 1970, y entre otras SSTS de 20 de diciembre de 2000, 1 de julio de 2002, 22 de abril de 2004, 29 de junio 2005 y 17 de octubre de 2005)».

Concluyendo el juzgado que procede el desistimiento del contrato por el que ha optado el comprador, y que la rescisión implica la devolución del precio, con sus intereses, y del objeto comprado, con sus frutos, es decir, el comprador deberá restituir el vehículo con las mejoras o reparaciones que en su caso hubiera realizado, y la demandada deberá restituir el precio de venta.

También la **Audiencia Provincial de Huelva en su sentencia n.º 668/2023, de 25 de octubre, ECLI:ES:APH:2023:1083**, analiza un supuesto sobre relativo a la alteración del kilometraje, destacando la importancia, en el caso concreto, de que el vendedor fuese una empresa dedicada a la venta de vehículos usados, y recordando la postura de distintos tribunales al respecto:

«(...) La parte demandada no podemos olvidar que **era un establecimiento de venta de vehículos**, por lo que **conocía y asumía la trascendencia del reflejo de los kilómetros de un coche en el precio de venta** del mismo cuando se trata de un vehículo de segunda mano, pues es notorio que la vida útil de un vehículo está directamente vinculada a los kilómetros realizados por su motor. Dada la condición de profesional del demandado, es también asumible la confianza del actor, consumidor, en la información facilitada por el concesionario y reflejada tanto en el contrato como en la factura de venta, y que además se correspondía con la que mostraba el propio vehículo, pudiendo ello relajar una búsqueda más exhaustiva de información que no consta además que fuera ni facilitada ni entregada al demandante.

(...)

La trascendencia del kilometraje de un vehículo de segunda mano respecto de los defectos de conformidad en la compraventa de consumo ha sido analizada abundantemente por la **jurisprudencia de las Audiencias Provinciales**, por ejemplo la sentencia de la sección 1 de la AP de Jaén de 23 de diciembre de 2022, con cita de la sentencia la de la Audiencia Provincial de Castellón de 5 de enero de 2009: "constatada la alteración del kilometraje del vehículo (...) objeto de venta "de segunda mano ", esa modificación del cuentakilómetros ha de entenderse algo más que una cualidad accidental del vehículo y, como hizo la Juzgadora de instancia, considerar que la mercantil vendedora entregó una cosa distinta de la pactada (" aliud pro alio"), ya que el **kilometraje de un vehículo de segunda mano constituye un elemento esencial de identidad e identificación del vehículo mismo**, y no puede entenderse que el comprador lo hubiese comprado o hubiese pagado el precio acordado de haberse conocido su kilometraje real lo que, sin duda, se hubiera traducido en una radical desvalorización del vehículo, por lo que el precio pagado supone una quiebra radical de los principios de equivalencia y reciprocidad en las prestaciones del contrato. La venta de un vehículo con un número de kilómetros superior a los que delata el contador, creando de ese modo en el comprador la apariencia falsa de adquirir un vehículo menos usado de lo que verdaderamente lo fue y con una esperanza de utilidad futura sin averías causadas por desgaste de piezas mayor de la real. **Se entregó**, en consecuencia, **un objeto en unas condiciones que disminuían el uso esperado por el comprador, abonando éste el precio en función de la apariencia simulada y no de la verdadera, de modo que si hubiera conocido el número real de kilómetros la compra se debería realizar en otras condiciones o por otro precio inferior, lo que debe dar lugar a la resolución contractual por incumplimiento de la parte vendedora** (SAP Soria de 17 Jun. 1997, SAP Navarra de 14 Ene. 1999, SAP Zaragoza, Sección 4ª, Nº 266/2001, de 27 Abr. [Rec. 450/2000], STSJ Comunidad de Navarra, Sala Civil y Penal, Nº 5/2004, de 23 Feb. [Rec. 52/2003] y SAP Madrid, Sección 9ª, Nº 247/2007, de 18 May.[Rec. 318/2006: "consideramos que es un elemento esencial para su adquisición ya que en vehículos de segunda mano el desgaste de sus piezas y mecanismos, que van ligados al recorrido que los mismos han tenido, deben considerarse como aspectos esenciales que definen el cuerpo cierto y tienen una importancia esencial ya que la vida útil del coche va necesariamente ligada a tal utilización y consecuente desgaste de sus piezas"».

En último lugar, cabe citar aquí la **sentencia de la Audiencia Provincial de Oviedo n.º 143/2021, de 20 de abril, ECLI:ES:APO:2021:1216**, en la que la sala resalta que el kilometraje es una característica esencial a la hora de la elección del vehículo, y que la diferencia de kilometraje trae consecuencias negativas al comprador, tales como:

- El sobrecosto en el precio de la compra.
- El riesgo para la seguridad vial que supone un vehículo con más kilómetros.
- El incremento en la depreciación del vehículo que se manifestará en una eventual venta futura.
- El incremento de los costes de reparación y mantenimiento del vehículo, ya que estos gastos aumentan en coches con mayor kilometraje.

Además, se justifica la aplicación de la doctrina del *aliud pro alio* en los siguientes términos:

«En este caso, el Aliud pro alio viene a ser la falta de correspondencia objetiva entre lo pactado y lo entregado por la alteración del kilometraje del vehículo objeto de venta de segunda mano que ha de entenderse como algo más que una cualidad accidental del vehículo y considerar que se entregó una cosa distinta de la pactada (aliud pro alio) ya que kilometraje de un vehículo de segunda mano constituye un elemento esencial de la identidad del vehículo mismo y no puede entenderse que el comprador lo hubiese comprado o hubiese pagado el precio acordado de haberse conocido su kilometraje real, lo que, sin dudas hubiera traducido en una radical desvalorización del vehículo, por lo que el precio pagado supone una quiebra radical de los principio de equivalencia y reciprocidad en las prestaciones del contrato de compraventa.

En este sentido, la jurisprudencia resulta pacífica a favor de resolver el contrato, por aliud pro alio en caso de manipulación relevante del kilometraje del vehículo, por entender comúnmente un supuesto de entrega de una cosa por otra».

7.2. Fallos en el filtro de partículas

También es habitual que los vehículos de segunda mano presenten averías derivadas del filtro de partículas, y tal y como se recoge en la **sentencia de la Audiencia Provincial de Jaén n.º 1403/2022, de 23 de diciembre, ECLI:ES:APJ:2022:1812**, los daños en este —el filtro de partículas— se entiende que no tienen por qué ser apreciados a simple vista por el comprador: «(...) cabría encuadrar en el apartado de daños o falta de conformidad con lo pactado entre partes tras su examen no susceptibles de ser conocidos por el comprador, los daños en turbocompresor y filtro de partículas, en tanto **se trata de daños en motor que no son fácilmente apreciables** o comprobables mediante un examen inicial del vehículo o en una mera prueba de uso de escasos kilómetros, habiendo requerido para ello un examen mediante desmontajes de piezas, **lo que no es propio ni mínimamente exigible para cualquier persona media** aún cundo el actor pudiera ser profesional de la automoción, sin que existan razones para considerar que los pudo fácilmente apreciar al tiempo de serles entregados».

También la **sentencia de la Audiencia Provincial de Granada n.º 204/2024, de 22 de mayo, ECLI:ES:APGR:2024:1015**, entiende que además de la reparación del filtro de partículas, el vendedor —en este caso un profesional— debe hacerse responsable de las demás reparaciones que derivaron de la mala situación del filtro: «(...) el vehículo presentaba problemas de motor desde un primer momento, por lo que los defectos en ningún caso pueden ser imputables al comprador y a pesar del cambio del FAP (filtro antipartículas), la mala situación de este filtro provocó la necesidad de realizar una descarbonización del resto del motor, (se repara una parte afectada, pero no se repara la incidencia que genera dicha avería), pues en otro caso la avería iba a seguir produciéndose o incluso iba a generar daños más graves al resto de componentes del motor tal y como ha pasado con el turbo».

En último lugar cabe citar la **sentencia de la Audiencia Provincial de Girona n.º 299/2022, de 30 de septiembre, ECLI:ES:APGI:2022:1218,** que confirma la rebaja en el precio solicitada por la compradora, en la que podemos leer que:

> «Al margen de ello, depuso que pudo constatar cómo el vehículo, al ser desmontada la culata del motor, carecía de filtro de partículas, que había sido eliminado, práctica que, según explicó, se acometía cuando interesaba que la acumulación de partículas y gases en el mismo no redujera la potencia del automóvil en cuestión. Precisó, por otro lado, que sin filtro de partículas, cuyo propósito era reducir y depurar los gases contaminantes, el vehículo podía circular perfectamente, así como que no sabía precisar si sin dicho instrumento, pasaría o no la ITV. (...)
>
> De tal prueba no desvirtuada con prueba pericial alguna de contraria, conllevan a ratificar la valoración probatoria efectuada en la sentencia de Instancia ya que la misma es una consecuencia lógica del resultado de las pruebas practicadas. Ya que siendo la parte demandada la que mantuvo que habiendo pasado el vehículo, con anterioridad a la compra la ITV, evidenciaba que la falta de filtro de partículas era posterior a la compra. Una vez acreditado por la parte actora la falta del mismo a través de la prueba acompañada con la demanda, era a la demandada a quien incumbía la carga de dicha prueba, por aplicación de lo dispuesto en el Art 217 de la L.EC. y no lo acreditado.
>
> El vendedor está obligado al saneamiento por defectos ocultos que tuviere la cosa si la hacen impropia para el uso a que se la destina, si disminuyen de tal modo su uso que el comprador no la habría adquirido de haberlo conocido o habría dado menos precio por ella (art. 1484 CC).

Por ello, en este caso, es obligación del vendedor responder de esos defectos que presentaba, no siendo excusa que fuese un vehículo de segunda mano ni lo muchos kilómetros que tenía, ni ninguna otra de las alegaciones de la apelante, pues queda evidenciado que el objeto entregado al comprador carecía de las condiciones de idoneidad precisas con anterioridad a la entrega para que el mismo cumpliese la finalidad para la que lo adquirió».

7.3. Defectos en la correa/ cadena de distribución

La importancia de la correa de distribución y de su mantenimiento —y cambio cuando sea necesario—, hace que en numerosas ocasiones lleguen a los tribunales reclamaciones a vendedores de segunda mano por defectos en la misma.

A modo de ejemplo podemos empezar citando la **sentencia de la Audiencia Provincial de Madrid n.º 202/2023, de 27 de marzo, ECLI:ES:APM:2023:5198**, que en un supuesto en el que la cadena de distribución del vehículo sufrió una rotura dos meses después de su compra, y tras 10.000 kilómetros realizados por su nuevo propietario, considera que correspondía al vendedor —un profesional de la compraventa de vehículos usados— probar que el vehículo se entregó con la cadena en buen estado, y que el hecho de tener pasada la ITV no puede considerarse prueba suficiente, puesto que en dicha inspección no se revisa el estado de la cadena de distribución:

«Constituye un hecho de público y general conocimiento -fácilmente constatable en cualquier página web especializada- que la **cadena de distribución es un componente del motor del automóvil que puede generar problemas** -llegando a romperse y requerir un reemplazo- **en vehículos con alto kilometraje**, por lo que se viene a recomendar su reemplazo entre los 200 000 y 250 000 kilómetros.

Desde esta perspectiva, ocurrida la avería en cuestión, en cualquier caso, antes del transcurso de un año desde la entrega del vehículo de segunda mano, correspondía a la representación procesal de la entidad empresarial o profesional vendedora, aquí demandada -sobre quien, conforme a lo prevenido por el artículo 217 de la Ley de Enjuiciamiento Civil, pesaba la correspondiente carga probatoria para desvirtuar la presunción legal establecida por el artículo 121 del texto refundido de la Ley General para la Defensa de los Consumidores y Usuarios y otras leyes complementarias-, la justificación de haber efectuado la necesaria comprobación, dado el kilometraje del vehículo, del adecuado estado que presentaba la cadena de distribución del vehículo en el momento de la venta, y de haber advertido e informado al consumidor-comprador de la necesidad o conveniencia de su reemplazo. Consecuentemente, no resultando acreditada dicha circunstancia debe concluirse que el vehículo no reunía, en el momento de la entrega, los requisitos objetivos y subjetivos para considerarlo conforme con el contrato, al no resultar plenamente apto para su circulación con la necesaria seguridad durante un periodo de tiempo razonable y, en todo caso, dentro del periodo de la garantía comercial que la entidad vendedora, como empresaria, venía legalmente obligada a reconocer al comprador-consumidor.

La conclusión anterior no se desvirtúa, en modo alguno, por el hecho de que el vehículo tuviera la ITV vigente, pues el estado de la cadena de distribución no es objeto de dicha inspección técnica.

Ciertamente, el hecho de haber pasado, con resultado favorable, la oportuna ITV sólo implica que el vehículo reunía, en aquel momento, las condiciones técnicas exigibles para permitir su circulación, en relación con los sistemas y componentes objeto de inspección, esto es, conforme se desprende de la Directiva 2014/45/UE del Parlamento Europeo y del Consejo, de 3 de abril de 2014, los dispositivos de frenado, dirección, visibilidad, equipo de alumbrado y componentes del sistema eléctrico, ejes, ruedas, neumáticos, suspensión, chasis elementos acoplados al mismo y emisiones contaminantes».

En sentido opuesto, la **Audiencia Provincial de Madrid en su sentencia n.º 287/2023, de 14 de julio, ECLI:ES:APM:2023:13006**, en un supuesto en el que la avería ocurrió tras 10 meses de uso del vehículo, y más de 15.000 kilómetros, entiende que no hay responsabilidad del vendedor, si no que el fallo se debe al uso del nuevo propietario:

«En cuanto al cambio de la correa de distribución, no puede considerarse falta de conformidad, pues no es otra cosa que el desgate normal de una pieza o componente del vehículo, como establece la cláusula décima del contrato. La sustitución de este elemento se ha de realizar a partir de haber recorrido el vehículo unos kilómetros o pasado un plazo, pero es claro que ese cambio puede adelantarse en función de las circunstancias de la conducción o estado del elemento.

En todo caso, las averías que sufrió el vehículo parecen estar ligadas a su uso durante unos 10 meses y más de 15.000 kms y, en todo caso, pudieron ser reparadas sin que pueda decirse que han hecho inhábil el objeto comprado para circular, por lo que la resolución contractual pretendida no procedería».

En la **sentencia de la Audiencia Provincial de Almería n.º 1162/2022, de 18 de octubre, ECLI:ES:APAL:2022:911**, se da respuesta a un supuesto en el que, si bien no había ninguna avería en la correa de distribución, se discutía sobre la obligación de cambiarla, y se concluía que no tenía el vendedor obligación de responder por el cambio de la correa de distribución ya que no habían transcurrido los kilómetros necesarios:

«(...) respecto al Kit de la correa de distribución, de la correa del ventilador, es el presupuesto mas importante de todas las partidas que componen los supuestos vicios ocultos y graves, (1338,88 €). Y consiste en; cambio de kit de distribución que conlleva el cambio de la correa de distribución, la correa de la bomba de gasoil, la correa de accesorios (alternador)y los rodillos tensores de dichas correas.

En primer lugar advertir, que no se ha detectado ninguna avería sobre la correa .Lo que se pretende es hacer ver que debió ser cambiada por su propietario antes de su venta.

Pero por el numero de Km recorrido al tiempo de su venta (129.750 Km) no era necesario (solo a partir de 180.000 km si el uso es severo), siendo criterio del testigo, jefe del servicio de post-venta del taller oficial de vehículos Citroen, su cambio siempre a los 10 años. Y justamente es a los 10 años de antigüedad cuando se perfecciona la venta del turismo entre las partes».

7.4. Cambio de ruedas

El desgaste de las ruedas y su necesidad de un cambio no siempre es considerado como responsabilidad del vendedor, ya que como ocurre en la **sentencia de la Audiencia Provincial de Madrid n.º 185/2022, de 3 de mayo, ECLI:ES:APM:2022:6412**, en muchas ocasiones se valora que el estado de las ruedas es perfectamente detectable, y más aún en el caso analizado en la citada sentencia donde el comprador era un profesional del transporte. En este mismo sentido de considerarlo un defecto apreciable, se ha pronunciado también la **sentencia de la Audiencia Provincial de Valencia n.º 15/2022, de 19 de enero, ECLI:ES:APV:2022:248**, que afirma: «(...) El desgaste de las ruedas, obvio es decirlo, no puede constituir un vicio oculto, pues además de estar a la vista, es fácilmente apreciable hasta por un profano en la materia».

Sin embargo, si bien al comprar un vehículo de segunda mano se entiende que las ruedas pueden estar desgastadas, tal y como recoge la **sentencia de la Audiencia Provincial de Burgos n.º 145/2024, de 29 de abril, ECLI:ES:APBU:2024:389**, no puede confundirse el desgaste normal con aquél que haga necesaria la sustitución de todas las ruedas:

«Aunque no es exigible que un vehículo de segunda mano se venda con las ruedas nuevas, y aunque el estado de las ruedas es algo fácilmente perceptible en el momento de la compra, entendemos que aquí es procedente incluirlas en la indemnización. El informe pericial de la parte demandada se limita a decir que las ruedas debían estar desgastadas en la fecha de la compra, y que fueron dadas de paso cuando se realizó la ITV. Sin embargo, se desconoce la fecha en que el vehículo pasó la ITV, y además un vehículo de segunda mano es compatible con un desgate medio de las ruedas, no con un desgaste que haga necesaria la sustitución completa de las 4 ruedas. Según la parte actora esto último es lo que sucede; por eso pide la sustitución, con un presupuesto de 115 euros por rueda, sin que se acredite que se trate de ruedas nuevas, por lo que procede su indemnización».

En la misma línea la **Audiencia Provincial de Barcelona en su sentencia n.º 282/2024, de 25 de abril, ECLI:ES:APB:2024:4617**, también considera responsable al vendedor del cambio de ruedas que tuvo que realizarse a los pocos días de la compra, si bien no lo considera como causa de resolución, sino como indemnizable:

> «En suma, lo único que consideramos que puede constituir un defecto que pueda reputarse como disconformidad con el contrato desde el punto de vista legal, teniendo en cuenta la normativa reguladora de los contratos celebrados con consumidores y usuarios, es la sustitución de los neumáticos pues, aunque se trate de una compra de un vehículo de segunda mano, no consideramos justificado que fuera necesario sustituir los neumáticos a las tres semanas de su adquisición.
>
> (...).
>
> Sin embargo, a los 22 días de la compra, se tuvieron que cambiar los neumáticos y equilibrar las cuatro ruedas, sin que, dado el corto espacio de tiempo, podamos atribuir la necesidad del cambio de neumáticos al desgaste por su sensibilidad y acción directa con la vía o al uso del vehículo durante estas tres semanas.
>
> Es evidente que el vehículo, en el momento del contrato, tenía cinco años de antigüedad, y que su uso conlleva desgaste que debe ser asumido por el comprador, pero esto no implica que deba admitirse la venta con unos neumáticos que tuvieron que ser sustituidos a los 22 días.
>
> En conclusión, el vendedor ha de responder frente al comprador por la falta de conformidad del vehículo entregado.
>
> Por ello, como dijimos en la sentencia dictada por esta sección trece de la A.P. de Barcelona, de 28 de diciembre de 2012, n.º 698/2012, recurso 639/2011, y reiteramos en la sentencia de 22 de octubre de 2019, n.º 1094/2019, recurso 272/2018, y en la sentencia de 7 de julio de 2020, n.º 427/2020, recurso 416/2019, si bien entendemos **no procede estimar la pretensión de resolución del contrato de compraventa** deducida en la demanda, no obstante, **estimamos procede condenar a la demandada a indemnizar** a la parte actora en la referida suma de 314,83 euros correspondiente al cambio de ruedas, dada la condición de consumidora de la demandante y la exigencia de los tribunales de tutela al consumidor conforme a la normativa nacional y europea y, en particular, la STJUE de 3 de octubre de 2013, C-32/12 a la que hemos hecho referencia».

Esta diferencia entre la consideración del cambio de ruedas como causa de resolución del contrato o indemnización de daños y perjuicios, cobra especial relevancia cuando se trata de una compraventa entre particulares, ya que, en estos casos, la indemnización solo procede cuando el vendedor conociera los vicios con anterioridad y no informase al comprador. Así lo deja patente la **sentencia de la Audiencia Provincial de Madrid n.º 269/2019, de 17 de junio, ECLI:ES:APM:2019:10070**:

> «Diferente conclusión ha de alcanzarse respecto del estado de los neumáticos que fueron sustituidos dos días después de la compra del vehículo, tratándose de defectos manifiestos o a la vista para cualquier persona, por lo que la reclamación de su importe de 271,91 € no encuentra cabida en la dicción del art.1486 del Código Civil, que permite al comprador resolver el contrato (desistir del contrato, dice incorrectamente el Código Civil)

con todos los efectos de la resolución, devolución de la cosa y del precio con los gastos, **viniendo obligado tan solo a la indemnización de los daños y perjuicios causados**, concepto en el que se englobarían los gastos realizados para la mejora del vehículo, **cuando el vendedor conociera los vicios o defectos ocultos de la cosa vendida y no los manifestase al comprador**, lo que no acontece en el presente caso en el que la documental aportada acredita que dicho defecto no fue detectado en las revisiones del vehículo previas a la venta (...)».

7.5. Sustitución de la batería

Cuando se trata de daños en la batería la primera cuestión que se plantea es si estos defectos son apreciables en el momento de la compra del vehículo, y podemos encontrar respuesta en la **sentencia de la Audiencia Provincial de Jaén n.º 1403/2022, de 23 de diciembre, ECLI:ES:APJ:2022:1812**, en la que se señala que: «(...) se entiende que el daño en la batería fijado en el dictamen pericial que requirió del cambio de la misma, es un daño difícilmente comprobable en un primer momento al tiempo de la prueba del vehículo al serle entregado, siendo por ello un daño del que debe responder el demandado». Además, la sala también recalca que dicho defecto no puede conllevar la resolución del contrato dado su falta de relevancia y solo estima la rebaja en el precio.

También la **sentencia de la Audiencia Provincial de A Coruña n.º 73/2024, de 12 de marzo, ECLI:ES:APC:2024:676**, se muestra favorable a indemnizar el importe que supuso el cambio de batería ya que se produjo poco después de la compra (no había transcurrido ni un mes y medio).

Sin embargo, en sentido contrario se pronuncia la **Audiencia Provincial de Jaén en su sentencia n.º 711/2023, de 28 de junio, ECLI:ES:APJ:2023:738**, al afirmar que: «Efectivamente, la existencia de las dos primeras averías del vehículo cuando menos escasamente a las dos semanas de su compra, relativas al fallo de la batería y a defecto en el cierre del portón es más que evidente, coincidiendo con la juzgadora de instancia, que en ningún caso tendrán la consideración de vicios ocultos. Precisamente porque en ambos supuestos son visibles y especialmente fáciles de advertir en una somera revisión del vehículo, especialmente el segundo de ellos. El fallo de la batería en modo alguno puede considerarse un vicio oculto en un vehículo con más de ciento cuarenta mil kilómetros. Es más esta Sala considera que estas dos averías entran dentro de lo normal en la adquisición de un vehículo de esa antigüedad, con un ahorro de su precio como nuevo de alrededor del 80%», concluyendo la sala que teniendo en cuenta la antigüedad, el kilometraje y el uso del vehículo hecho por el nuevo propietario, no se trata de vicios ocultos sino de «(...) problemas y averías propios de un vehículos de la antigüedad y kilometraje del supuesto de autos, siendo corriente que cualquier vehículo con antigüedad superior a diez años conlleve un mantenimiento por averías cada vez de mayor importancia monetaria».

En segundo término, también hay que destacar que las averías en la batería que implican su sustitución no suelen considerarse como vicios que hagan inhábil el coche para el fin que le es propio, y en este sentido podemos citar, por ejemplo, la **sentencia de la Audiencia Provincial de Albacete n.º 120/2019, de 22 de marzo, ECLI:ES:APAB:2019:271**, en la que no se acuerda la resolución del contrato sino que se estima la demanda por el importe de las averías producidas.

7.6. Desperfectos en los faros

A pesar de que los faros se hayan a la vista de cualquier comprador, y de que en principio pudiese parecer que los mismos no encuentran encuadre en la categoría de vicios ocultos, han sido reconocidos en numerosas ocasiones como tales, dando lugar a rebajas en el precio de la compra.

En la **sentencia de la Audiencia Provincial de Madrid n.º 258/2024, de 6 de junio, ECLI:ES:APM:2024:8165**, se discute si los daños en uno de los faros, que se encontraba sujeto con bridas de plástico, eran apreciables a simple vista tal y como alega el vendedor, o si pueden ser calificados como un vicio oculto, y concluye que: «Los desperfectos que presentaba el vehículo (...) estaban presentes en el momento de la entrega y **deben ser calificados como vicios ocultos pues no estaban a la vista y el comprador carecía de especiales conocimientos para detectarlos** (no era mecánico, perito, etc.). El coste de reparación de los desperfectos fue afrontado por el demandante y fueron reclamados al vendedor mediante correo electrónico el 3 de marzo de 2021. Surge así la obligación del vendedor de indemnizar al demandante (...) conforme a los arts. 1484 y siguientes del CC y a los arts. 114 y siguientes del TRLGDCU».

Por otra parte, la **sentencia de la Audiencia Provincial de Valencia n.º 583/2020, de 24 de noviembre, ECLI:ES:APV:2020:4585**, en un caso en el que se ejercitaba la acción de resolución por incumplimiento contractual, la sala analiza los distintos fallos del vehículo, y con relación a los faros concluye que los mismos habían pasado la ITV antes de la venta, por lo que se entiende que estaban en buen estado para tratarse de un coche usado: «(...) La rotura de los faros no impedía que estos iluminaran correctamente y aunque la reparación idónea hubiera consistido en su sustitución, no puede decirse que los mismos no cumplieran su función correctamente, que también hubo de comprobarse en la inspección técnica del vehículo, que se superó sin problemas. En consecuencia, aisladamente considerados, ninguno de esos defectos suponen un vicio que justifique la resolución del contrato».

Resulta recomendable también la lectura de la **sentencia de la Audiencia Provincial de Tenerife n.º 332/2020, de 8 de septiembre, ECLI:ES:APTF:2020:1655**, en la que las partes difieren en la consideración de los daños de los faros, y sobre la reparación de los mismos, fallando la sala a favor de considerarlos como un vicio oculto que conlleva una rebaja en el precio para tratar de compensar la pérdida económica que para el comprador supone aceptar la cosa con el vicio oculto, y calculando la misma en función del coste de sustitución y reduciendo este en un 50 % al entender que el vehículo no era nuevo y que supondría un enriquecimiento el rebajar el total del coste:

«(...) es correcta la aplicación en la sentencia de instancia de una depreciación por el uso para evitar el enriquecimiento injusto, siendo adecuada y ponderada la del 50% aplicada, al tener el vehículo vendido diez años, actuación que resulta plenamente acorde con la prueba practicada y lo pedido y resistido por las partes, pues es la propia parte apelante la que en su escrito de contestación a la demanda, alude a una pretendida voluntad del actor de "mejorar el vehículo" y adquirir faros nuevos, y en su relato hace hincapié en que el vehículo adquirido era de segunda mano, con más de diez años».

7.7. Fallos en la caja de cambios

Los fallos en la caja de cambios son ampliamente reconocidos en nuestra jurisprudencia como vicios ocultos, dada la dificultad de detectarlos por el comprador a simple vista.

Podemos traer a colación la **sentencia de la Audiencia Provincial de Pontevedra n.º 268/2024, de 9 de mayo, ECLI:ES:APPO:2024:1184,** en la que sobre los fallos en la caja de cambios que se conocieron al poco tiempo de realizarse la venta, se dice que los mismos son anteriores, y que su entidad habría hecho al comprador desistir de la compra o haber pedido menos precio:

«En nuestro caso sí hay prueba fehaciente pericial de que el vicio sea anterior, en cualquier caso, los vicios ocultos lo son aunque el vendedor los desconociera (cosa poco probable dada la inmediatez desde la compra y la aparición del testigo de advertencia). De lo que se trata es de que el adquirente, es decir, el comprador, adquiere un bien con defectos desconocidos, no previstos, cuya existencia le habría hecho desistir de comprar o haber pedido menos precio. Lo adquirido resulta inservible a causa el vicio, y que la avería surja con posterioridad a la venta no es razón para excluir la calificación de vicio oculto, pues el origen de la avería, la patología que determina la frustración parcial final del bien, es ya anterior, anidaba ya en el propio turismo cuando este es vendido al comprador, que adquiere un vehículo anormalmente dañado.

19. Sea como fuere, no se trata por tanto de un vicio oculto cuanto de un cumplimiento contractual defectuoso, y en relación al incumplimiento de los contratos el Art.1. 101 del CC establece que quedan sujetos a la indemnización de daños y perjuicios causados los que en el cumplimiento de sus obligaciones incurren en dolo, negligencia o morosidad, y los que de cualquier modo contravinieron al tenor de aquéllas. Ello viene referido a un incumplimiento de tal entidad que impide el uso normal de la cosa es decir, por tanto, pudiendo ser el coche reparado de manera que pudiera

71

satisfacer íntegramente las características pactadas en el contrato, por un importe no desproporcionado en relación con el precio abonado, que es el que se reclama en el presente procedimiento, como tan acertadamente ha resuelto la juzgadora a quo en su resolución (...)».

Sobre un supuesto en el que el vicio oculto era una avería en la caja de cambios provocada por un tornillo suelto, la **sentencia de la Audiencia Provincial de A Coruña n.º 559/2022, de 1 de septiembre, ECLI:ES:APC:2022:2210,** afirma que: «La preexistencia a la venta del vicio oculto que funda la demanda no ha sido concretamente cuestionada ni hay, en realidad, razones que permitan ponerla en duda; en particular, no constan intervenciones sobre la caja de cambios que el comprador haya hecho entre la entrega del vehículo y las primeras manifestaciones de la avería, ni se ha apuntado en la contestación a la demanda dato alguno que sustente esa concreta objeción. Tampoco es discutible la conclusión que la sentencia alcanza acerca de que el vicio era oculto, esto es, **inapreciable a simple vista y no necesariamente detectable en el momento de la venta por el comprador, que incluso hizo uso normal del coche durante los tres meses inmediatamente posteriores.** Por último, como ya se ha apuntado anteriormente y al contrario de lo que sostiene el recurso, la acción de saneamiento por vicios ocultos no presupone dolo o mala fe por parte del vendedor que deba ser objeto de prueba».

También podemos mencionar en este punto la **sentencia de la Audiencia Provincial de las Islas Baleares n.º 475/2022, de 22 de noviembre, ECLI:ES:APIB:2022:3104,** que en un supuesto en el que se acredita una avería correspondiente al sistema de cambio de marchas del vehículo entiende la sala que no se trata de un vicio con gravedad suficiente para considerar el coche impropio para su uso, y que por tanto procede la rebaja en el precio, pero no la resolución del contrato:

«Ahora bien, sí observa la Sala que no cabe considerar que dicho vicio tuviera la gravedad suficiente como para entender que la cosa llegaba a ser "impropia para el uso a que se la destina", en orden a justificar la resolución contractual, pues debe partirse de la base de que el precio de venta del vehículo fue de 4.280.- €, y el presupuesto para reparar dicha avería alcanzaba únicamente la cifra de 287 euros más IVA.

Cabe precisar que, en la fundamentación jurídica de la demanda, la parte actora refería el artículo 1.484 y siguientes del Código Civil, así como el principio "iura novit curia". Y, si bien solicitaba la resolución del contrato, recordaba que, merced a dicho precepto, se prevé también la rebaja de una cantidad proporcional del precio; siendo esta última alternativa de mejor encaje en un supuesto como el de autos y en concordancia, asimismo, con la previsión del art. 1.101 del Código Civil para el caso de incumplimiento parcial de la obligación, dado que la prueba evidencia un defecto del que, ciertamente, adolecía el vehículo, pero se trataba de un defecto de carácter menor.

Por lo que, en la consideración de la Sala, sucediendo que **el vicio detectado** -único judicialmente admitido en primera instancia, sin que tal consideración haya sido atacada en apelación- **no presentaba una gravedad suficiente en un vehículo de 15 años como para justificar la resolución del contrato,** y habida cuenta de que es pacífico, por no haberse cuestionado, que el precio de reparación de tal avería del cambio de marcha alcanzaba el importe de 287 euros más IVA, esta es la indemnización que deberá imponerse a la parte demandada como consecuencia de la rebaja proporcional del precio».

7.8. Defectos en la amortiguación/ suspensión del vehículo

A la hora de valorar si las averías o defectos que se manifiesten en los amortiguadores o suspensión del vehículo pueden considerarse como un vicio oculto hay que atender al caso concreto, ya que nuestros tribunales han adoptados distintas posturas en función del defecto apreciado.

Un ejemplo en el que no se incluye el amortiguador como parte de los vicios ocultos lo encontramos en la **sentencia de la Audiencia Provincial de Navarra n.º 683/2023, de 27 de septiembre, ECLI:ES:APNA:2023:1079,** que considera que el desgaste en el amortiguador entra dentro de la normalidad al tratarse de un vehículo usado:

> «No incluimos en la cifra indicada el coste de la reparación del amortiguador trasero que los peritos también incluían en su valoración ya que como ha señalado la doctrina jurisprudencial y hemos recogido en anteriores resoluciones la adquisición de bienes y vehículos de segunda mano implica la adquisición de un cuerpo cierto, de tal forma que se adquiere en su estado actual, sin que pueda pretenderse un funcionamiento perfecto como si de una cosa nueva se tratara, de tal forma que el comprador lo adquiere a su riesgo y ventura con la expectativa de obtener de él un buen comportamiento, no adquiriendo la consideración de vicio oculto los defectos que puedan considerarse reparaciones inherentes a la antigüedad y kilómetros recorridos, como es el caso de un amortiguador defectuoso en una vehículo de la antigüedad y kilómetros recorridos como el de autos».

Misma postura mantiene la **sentencia de la Audiencia Provincial de Madrid n.º 5/2022, de 20 de enero, ECLI:ES:APM:2022:756,** resolviendo también que se trata de un fallo debido a la antigüedad del vehículo: «(...) el ahora apelante adquirió un vehículo de segunda mano, lo revisó según expresa el propio contrato, conocía su antigüedad y su estado. Necesariamente sabía que los elementos componentes del vehículo no eran nuevos y asumía que podían estar desgastados y no estar en perfectas condiciones, ya que por ser usado su precio era muy inferior a un vehículo de igual modelo nuevo. Y los defectos apreciados son inherentes o derivados del uso que no pueden dar lugar en las circunstancias descritas a responsabilidad alguna del vendedor».

En el sentido de considerar un fallo en la suspensión como vicio oculto se posiciona la **sentencia de la Audiencia Provincial de Sevilla n.º 333/2023, de 24 de julio, ECLI:ES:APSE:2023:1235,** en la que se considera probado que el coche presenta un fallo en el sistema de suspensión que no se detecta con el coche en marcha que es como se le entregó a la parte actora, y que dicho fallo conlleva la responsabilidad del vendedor:

> «También considera la que resuelve plenamente probada la existencia del defecto oculto por el que la demandada, sea o no profesional, ha de responder en todo caso, si lo es por aplicación de lo dispuesto en en el artículo 117 del Texto Refundido de la Ley General para la Defensa de Consumidores y Usuarios y si no lo es, por lo establecido en el art. 1484 y siguientes del C.c.. y ello por la existencia de una prueba pericial no desvirtuada por otra en contrario, efectuada por un Ingeniero Técnico Electromecánico (...)».

ANEXO I.
CASOS PRÁCTICOS

Caso práctico | En compraventas de vehículos de segunda mano, cuando el comprador es una empresa dedicada a revenderlos, ¿se entiende que el comprador es un perito a los efectos del art. 1486.1 del CC?

PLANTEAMIENTO

En una compraventa de un coche de segunda mano, la compradora es una empresa cuyo objeto social es la adquisición de vehículos usados para su posterior reventa. ¿Se considera que estamos en un supuesto de los recogidos en el art. 1484.1 del Código Civil, y que por tanto el vendedor está exento de responsabilidad por vicios ocultos por ser el comprador un perito que, por razón de su oficio o profesión, debía fácilmente conocerlos?

RESPUESTA

El hecho de que el comprador sea un profesional que se dedica a la comercialización de vehículos de segunda mano conlleva que ostente esta condición pericial.

El punto de partida nos lo da el **art. 1484.1 del CC** en el que se dispone que:

> «1. El vendedor estará obligado al saneamiento por los defectos ocultos que tuviere la cosa vendida, si la hacen impropia para el uso a que se la destina, o si disminuyen de tal modo este uso que, de haberlos conocido el comprador, no la habría adquirido o habría dado menos precio por ella; pero no será responsable de los defectos manifiestos o que estuvieren a la vista, ni tampoco de los que no lo estén, si el comprador es un perito que, por razón de su oficio o profesión, debía fácilmente conocerlos».

Una definición de lo que se puede entender por perito a estos efectos la encontramos en la **sentencia de la Audiencia Provincial de Huelva n.º 148/2007, de 5 de noviembre, ECLI:ES:APH:2007:784**, que señala que: «(…) la expresión perito a que se refiere el artículo 1484 del Código Civil ha de entenderse no en el sentido técnico de persona con título profesional en una determinada materia, sino el de persona que por su actividad profesional tenga cualidades para conocer las características de determinadas cosas o materiales (…)».

Cabe citar aquí lo expuesto por la **Audiencia Provincial de Córdoba en su sentencia n.º 941/2022, de 31 de octubre, ECLI:ES:APCO:2022:738**, que en un supuesto similar al expuesto, en el que se alegaba por el vendedor el mentado artículo 1484 del CC, la empresa compradora alegó que en la compraventa no intervino perito alguno ni mecánico que dispusiera de los medios técnicos necesarios para llevar a cabo una revisión del vehículo, sino que en su representación acudió un administrativo, la sala acabo resolviendo que:

> «(…) nos encontramos ante un profesional de la comercialización de los vehículos de segunda mano por lo que ostenta esta condición pericial a la que se refiere el artículo 1486.1 in fine del Código Civil y si el demandante no ha utilizado estos conocimientos, al realizar la venta en un establecimiento no

adecuado y por personal no cualificado, debe soportar las consecuencias de esa actuación, a diferencia del protocolo seguido por el posterior adquirente (…) que sí efectuó esa revisión pericial que exige el artículo 1486.1 in fine del Código Civil a los profesionales del sector».

> **A TENER EN CUENTA.** La referencia que la sentencia realiza al art. 1486 del CC debe entenderse realizada al art. 1484 del CC.

Caso práctico | ¿Procede indemnización por vicio oculto en la compra de un camión de colección que no puede circular?

PLANTEAMIENTO

X le ha comprado un camión con fines de colección a Y. El motor del camión tiene una avería que impide su funcionamiento. Alega la parte actora que esto supone que el objeto presenta un vicio oculto. La compradora pretende reclamar al vendedor el coste de la reparación por la vía del art. 1101 del CC.

Teniendo en cuenta las circunstancias del caso, ¿es posible que obtenga la indemnización?

RESPUESTA

Debemos partir que para la aplicación del **art. 1101 del CC** es necesario que se aprecie un **incumplimiento por parte del vendedor**. En el supuesto expuesto es cierto que el vehículo presenta un defecto que le impide circular, ahora bien, debe tenerse en cuenta que la finalidad para la que se ha adquirido es la de colección, por lo que no resulta exigible que el vehículo esté en condiciones de circular al no haberse establecido expresamente esta condición en el momento de formalizar la compraventa.

En un caso similar al expuesto la **sentencia de la Audiencia Provincial de Asturias n.º 131/2024, de 13 de marzo, ECLI:ES:APO:2024:1178,** ha señalado:

> «(...) ni puede considerarse que exista un supuesto de "aliud pro alio", ni tampoco que exista propiamente incumplimiento parcial o un cumplimiento regular de la obligación de entrega. Estamos ante la venta de un vehículo de coleccionista, cuyo valor no radica en las prestaciones que puede ofrecer al circular, sino en el histórico de la cosa comprada, que no pierde por el hecho de la avería del motor; al no estar destinado a ser utilizado como medio de transporte, sino como objeto decorativo o de colección, no es esencial la capacidad de circular del mismo, que tampoco pierde una vez restaurado».

Caso práctico | ¿Un consumidor puede reclamar al empresario que le reembolse el coste del cambio del filtro de partículas?

PLANTEAMIENTO

X ha comprado un vehículo de segunda mano en un concesionario de compraventa de coches usados. A los 2 meses de adquirir el vehículo tiene que realizar una serie de reparaciones, entre las que se encuentra el cambio del filtro de partículas. Ante el desembolso efectuado le reclama a la empresa que le abone la cuantía de la reparación. La empresa admite abonar todas las reparaciones salvo el cambio del filtro de partículas, ya que alega que no se había comunicado dicha avería con las demás objeto de reclamación y que este desgaste no consta que existiera en el momento de la compraventa.

En este supuesto ¿tiene el comprador derecho a que se le abone la cuantía de la reparación del filtro de partículas?

RESPUESTA

Estamos ante una situación en la cual resulta de aplicación el TRLGDCU ya que el comprador es un particular y el vendedor es empresario, teniendo en cuenta que el objeto del concesionario es la compraventa de vehículos de segunda mano.

Teniendo esto presente debemos señalar que esta normativa facilita al comprador varias opciones para exigir el saneamiento cuando el bien adquirido no sea conforme con el contrato. Entre las opciones de que dispone se encuentra la de reparación para subsanar la falta de conformidad prevista en el art. 119 del TRLGDCU.

En estos supuestos de responsabilidad siempre deben tenerse presentes las concretas circunstancias del caso objeto de análisis. Si bien es cierto que el art. 121 del TRLGDCU establece una presunción *iuris tantum* de que las faltas que se manifiesten en los dos años —puede acordarse un plazo menor no inferior al plazo de responsabilidad por falta de conformidad— posteriores a la entrega del producto ya existían cuando la cosa se entregó.

Es por ello que en el supuesto planteado le correspondería al empresario probar que la deficiencia no existía cuando hizo entrega del vehículo.

Como ejemplo de resolución en este tipo de casos podemos referirnos a la **SAP de León n.º 102/2024, de 6 de febrero, ECLI:ES:APLE:2024:290**, en la que el empresario alega la inexistencia del defecto en el momento de la venta, pero el tribunal atendiendo al informe pericial resuelve de la siguiente forma:

«(…) En efecto, el informe pericial obrante en el procedimiento, es concluyente, en relación con este componente, que se comprobó tras el desmontaje del motor, observándose que está completamente tupido lo que hace que los sensores de lectura den fallos constantemente y salte el aviso en el panel -como así ocurrió desde el momento en que se comienza a circular por el demandante-, siendo necesaria su sustitución, como recomienda el taller reparador; esta pieza - refiere el perito- está destinada a reducir la contaminación por combustión de los vehículos diésel, tiene un periodo de vida útil que suele sobrepasar los 200.000 km - el vehículo figura en el contrato de venta con 91.000 km, y el comprador hace en cuatro meses 17.237 km-, y cuando se avería por obstruirse ocasiona una pérdida de potencia, aspecto que también fue apreciado por el comprador de manera recurrente; destaca el dictamen pericial que esta deficiencia, al igual que el resto de las reclamadas que se repararon y no son controvertidas en el recurso, son anteriores a la venta del vehículo, se pusieron de manifiesto dentro de los seis meses siguientes a su entrega, y por la funcionalidad y durabilidad que cabe esperar de este componente del motor, constituye una falta de conformidad de la que es responsable el vendedor».

Caso práctico | En la compra de un tractor con más horas trabajadas de las anunciadas, ¿es posible la rescisión del contrato?

PLANTEAMIENTO

Una persona ha comprado a través de una plataforma de venta de segunda mano un tractor en cuya oferta se decía que tenía 5.000 horas de trabajo. Cuando recibe el tractor percibe que el desgaste de las piezas no coincide con las horas de trabajo que se indicaban en la oferta y que presentaba varias deficiencias.

Mediante declaración del anterior propietario —distinto del vendedor— se concluye que las horas de trabajo reales del tractor son de 27.000, lo que coincidía con el desgaste apreciado en las piezas.

A la vista de que el tractor no tenía las condiciones que se presentaban en la oferta y que de haber sabido el estado real del mismo esta persona no lo habría comprado, ¿puede solicitar la resolución del contrato y el reembolso de los gastos?

RESPUESTA

En este caso la actora lo que pretende es la aplicación de la doctrina *aliud pro alio*, la cual se da cuando existe pleno incumplimiento del contrato de compraventa, por inhabilidad del objeto vendido para cumplir la finalidad para la que se vendió produciendo la insatisfacción del comprador.

En este caso se ha producido la venta de un tractor con muchas más horas trabajadas que las que había anunciado el vendedor, lo que ha llevado a que el comprador tenga una falsa esperanza de adquirir un vehículo con unas determinadas características y prestaciones diferentes a las que verdaderamente presenta.

En un caso similar al planteado la Audiencia Provincial de Palma de Mallorca en la **sentencia n.º 93/2024, de 16 de febrero, ECLI:ES:APIB:2024:366**, reconoció que el haber comprado un tractor con muchas más horas de trabajo que las indicadas en la oferta «(...) **constituye un incumplimiento de gravedad suficiente para justificar la resolución del contrato**, con restitución reciproca de las prestaciones (...)».

Caso práctico | ¿Puede renunciarse a las acciones de saneamiento cuando se compra un coche de segunda mano?

PLANTEAMIENTO

En un contrato de compraventa de un coche de segunda mano se ha incluido una cláusula en la que el comprador renuncia a ejercitar acciones contra el vendedor por un mal funcionamiento del vehículo objeto de la compra. Sin embargo, transcurrido poco tiempo desde la perfección del contrato el coche comienza a dar fallos, y el comprador presenta una demanda ejercitando acciones exigiendo una rebaja en el precio. ¿Puede prosperar su demanda o se desestimará como consecuencia de la renuncia?

RESPUESTA

Nuestra jurisprudencia ha establecido que para que una renuncia a ejercitar acciones sea válida debe hacerse por actos expresos, claros, contundentes e inequívocos, si bien cuando el vendedor es un profesional hay que tener en cuenta el **art. 130 del TRLGDCU** según el cual: «Son ineficaces frente al perjudicado las cláusulas de exoneración o de limitación de la responsabilidad civil prevista en este libro».

En la **sentencia de la Audiencia Provincial de Zaragoza n.º 256/2015, de 5 de junio, ECLI:ES:APZ:2015:1210** se resuelve un supuesto similar al planteado, y se concluye que:

> «En cuanto a la posible alegación de una renuncia del comprador-demandante a las acciones derivadas del mal funcionamiento del vehículo, con base a las estipulaciones contenidas en los pactos 8º y 9º del contrato -folio 8 vuelto: "... Reconociendo haber comprobado su correcto funcionamiento y estado, por lo que renuncia al saneamiento y evicción..."--, sea suficiente con recordar que, conforme a muy reiterada Jurisprudencia, la renuncia de los derechos ha de hacerse por actos expresos, claros, contundentes, e inequívocos, de modo que no exista duda alguna de la intención y aceptación de los efectos de la misma, y así lo razona, por ejemplo, entre otras muchas de igual contenido, la Sentencia del Tribunal Supremo, Sala Primera, de lo Civil, número 284/2006, de 17 de marzo de 2006, Recurso 2717/1999, al expresar que a dicho requisito "...Se ha referido la jurisprudencia, como la sentencia de 25 de noviembre de 2001, que dice: "la jurisprudencia de esta Sala es reiterada y uniforme en declarar que las renuncias no se presumen; que han de resultar de manifestaciones expresas a tal fin, o de actos o conductas que de modo inequívoco, necesario o indudable lleven a la afirmación de que ha existido una renuncia...", cuando la renuncia que se comenta no reúne esa exigencia, ni existe justificación alguna por los demás datos expuestos en el juicio de que se produjera a sabiendas de las consecuencias que la frase trascrita pudiera implicar, conociendo y sometiéndose a las mismas».

También la **sentencia de la Audiencia Provincial de Ávila n.º 1189/2023, de 10 de octubre, ECLI:ES:APVI:2023:1155**, analiza un supuesto en el que se incluyó en el contrato de compraventa una cláusula eximiendo al vendedor de cualquier avería, y entiende que la misma es clara y comprensible, pero señalando que se exime de averías futuras, y no de las que ya tenía el coche con anterioridad, concluyendo que estas sí son su responsabilidad:

> «En la cláusula contractual del documento n.º 3 de la demanda, consta: "el adquirente declara conocer el estado actual del vehículo del cual se ha probado con anterioridad, es conocedor y exime al vendedor de cualquier avería del art. 1485 del CC, ya que para eso se tiene que hacer uso de la mencionada garantía". Es decir dicha cláusula es clara, comprensible puesto que si el coche en este momento está en perfectas condiciones las averías, vicios, que surjan posteriormente no son imputables al vendedor, y por eso se le exime de responsabilidad de los posibles defectos o vicios que surjan después, máxime en supuestos como el presente en que la compra es un vehículo de segunda mano en que el riesgo de más averías por el desgaste y deterioro de los elementos del mismo por su uso es mucho mayor, y esto es lo que asume el comprador con dicha renuncia, como se ha señalado.
>
> Sin embargo, de la prueba pericial practicada ha quedado acreditado que estamos en presencia de una serie de averías graves que afectaban a determinadas piezas y que si bien se constata que el vendedor había manifestado que habían sido sustituidas con carácter previo a la venta, lo cierto es que de las pruebas periciales practicadas, y así lo manifiesta la resolución apelada, se determina claramente que ni el árbol de levas, ni los inyectores, ni el colector de escape habían sido sustituidos, y, por ello, que estos elementos defectuosos existían ya al momento de la venta.
>
> Es decir, en el caso presente dichos defectos ya existían con anterioridad, no es que surgieran después. Cuestión distinta es que no se observara al probar el vehículo con carácter previo a la compra y otra cosa es que no existieran y, por lo tanto, la consecuencia es que responde de los vicios anteriores, no de los posteriores ya que se insiste, la renuncia lo es de los que surjan con posterioridad.
>
> Se ratifica, con ello, la decisión de la primera instancia, que si bien reconoce que se está ante deficiencias graves que pueden provocar la resolución del contrato, tal y como se interesa en el escrito de demanda, también reconoce que el comprador y demandante ha vendo reparando las mismas y, por lo tanto, se han venido corrigiendo las deficiencias que se reclaman en el mismo escrito de demanda. De esta manera, y puesto que ninguna prueba se ha llevado a tal efecto, se puede entender que el vehículo adquirido se puede utilizar y ser destinado a la finalidad con la que se compró, por lo que no procede la resolución del contrato con la entrega de una cosa diversa».

Para el caso de que el vendedor sea un profesional y que por tanto proceda la aplicación del TRLGDCU, la **sentencia de la Audiencia Provincial de Granada n.º 204/2024, de 22 de mayo, ECLI:ES:APGR:2024:1015**, recuerda que en virtud del **art. 130 del TRLGDCU** las cláusulas de renuncia son ineficaces:

> «Finalmente, en relación a la renuncia que aparece en el documento suscrito por el actor y en el que no se ha hecho constar la fecha, carece por completo de efectos, de conformidad con el art. 130 Real Decreto Legislativo 1/2007, que establece que "Son ineficaces frente al perjudicado las cláusulas de exoneración o de limitación de la responsabilidad civil prevista en este libro".
>
> En este caso el abuso por parte de la entidad vendedora resulta evidente pues primero con ocasión de la venta del vehículo al actor y a pesar de la garantía legalmente prevista, le ofrece suscribir un contrato de garantía adicional para lo que cobra una prima y por el mismo plazo del año previsto en la ley,

desconociéndose qué ventajas podía tener este contrato para el comprador. En segundo lugar, el vehículo vendido presentada, desde un primer momento, problemas evidentes en el filtro de partículas que obligaba a cambiar esta pieza, por lo que en ningún caso la avería puede ser imputable al actor, quien tuvo que reclamar en innumerables ocasiones. En tercer lugar, para poder retirar el vehículo y conseguir que la empresa vendedora se hiciera cargo de parte de la reparación, abonarles la suma de 500 €, cuanto esta pieza estaba dentro de la garantía, al no acreditar la entidad vendedora nada en contrario, carga de la prueba que les corresponde de conformidad con el art. 121 del Real Decreto Legislativo 1/2007 antes mencionado y la cláusula décimoprimera del contrato de garantía adicional. Finalmente, le obliga al comprador a firmar, no sabemos en qué momento, un documento de renuncia a la garantía sin devolverle lo cobrado por la firma del contrato de garantía adicional y, sin olvidar que **el derecho del comprador a recibir la garantía de un vehículo de segunda mano es irrenunciable, al estar reconocido con este carácter en la normativa de consumidores y usuarios y, en concreto, en la venta de bienes de segunda mano**».

Caso práctico | ¿Puede el juez aplicar el TRLGDCU si en la demanda se ejercitó la acción «quanti minoris» del CC?

PLANTEAMIENTO

«X» ha comprado un coche usado a un concesionario que se dedica a la compraventa de vehículos usados. El vehículo manifestó importantes defectos en los meses siguientes a la compra, lo que lleva a «X» a presentar una demanda ejercitando la acción de saneamiento por vicios ocultos, con fundamento en los artículos 1474 y 1484 y ss. del Código Civil. ¿Puede el juez aplicar el TRLGDCU por considerarlo más beneficioso para el comprador?

RESPUESTA

No, el juez no podría aplicar el Real Decreto Legislativo 1/2007, de 16 de noviembre, por el que se aprueba el texto refundido de la Ley General para la Defensa de los Consumidores y Usuarios y otras leyes complementarias (TRLGDCU), si el actor no lo hubiese invocado en su demanda. Nuestra jurisprudencia destaca que no solo podría el juzgador incurrir en incongruencia si lo hiciese, sino que además no procede la aplicación del principio *iura novit curia* cuando implique un cambio o modificación de la acción ejercitada.

En este sentido se ha pronunciado la **sentencia de la Audiencia Provincial de Segovia n.º 145/2023, de 8 de junio, ECLI:ES:APSG:2023:198**, y en un caso en el que en la demanda se indicaba expresamente que se ejercitaba la acción *quanti minoris* de saneamiento derivada del contrato de compraventa de vicios ocultos tanto en el encabezado como en el suplico señalaba que:

> «(…) No se hace alusión al ejercicio de ninguna otra acción, incluso se viene a admitir que el resarcimiento previsto en el art. 1101 derivaría del éxito de la acción de saneamiento, sin que quepa introducir una nueva acción en sede de apelación, de conformidad con lo dispuesto en el art. 456.1 de la L.E.C. Por tanto, no resulta apreciable la incongruencia omisiva alegada en el recurso de apelación.
>
> Además, debe señalarse, ante las alegaciones de la parte apelante, la imposibilidad de acumular las acciones de garantía del consumidor con las de saneamiento por vicios ocultos por expresa disposición del artículo 116 del citado Texto Refundido de la Ley de consumidores (" El ejercicio de las acciones que contempla este título será incompatible con el ejercicio de las acciones derivadas del saneamiento previstas en el Código Civil "). Y sin que tampoco resulte aplicable el principio iura novit curia, dado que el mismo solo faculta para aplicar las normas procedentes a los hechos alegados si con ello no se transforma o modifica la acción ejercitada ni se introduce por el juzgador una acción no ejercitada.
>
> En el presente caso, ejercitándose acción de saneamiento por vicios ocultos, no cabe que el juzgador aplique la normativa sobre protección de consumidores por no haberse ejercitado ninguna acción de esta clase, no siendo

posible el cambio de demanda intentado por la parte actora ni su pretensión de introducir en segunda instancia una acción nueva (protección de consumidores) no ejercitada en la demanda, al margen de la imposibilidad e improcedencia de esta acción, acumulada a la de saneamiento ejercitada, por lo expuesto anteriormente».

También la **Audiencia Provincial de Madrid en su sentencia n.º 132/2023, de 2 marzo, ECLI:ES:APM:2023:2652**, recuerda la incompatibilidad de las acciones de garantía del consumidor con las de saneamiento de vicios ocultos en virtud de los dispuesto en el art. 116 del TRLGDCU, y subraya que no procede la utilización del principio *iura novit curia*, ya que el mismo no cabe cuando de su aplicación pueda derivase un cambio de acción:

«Por último, baste dejar constancia, ante la pretensión de la apelante, de la imposibilidad de acumular las acciones de garantía del consumidor con las de saneamiento por vicios ocultos por expresa disposición del artículo 116 del citado Texto Refundido de la Ley de consumidores ("El ejercicio de las acciones que contempla este título será incompatible con el ejercicio de las acciones derivadas del saneamiento previstas en el Código Civil ", denominándose el Título "Garantías y servicios posventa").

No cabe tampoco invocar el principio iura novit curia, que se menciona en el recurso, dado que el mismo **solo faculta para aplicar las normas procedentes a los hechos alegados si con ello no se transforma o modifica la acción ejercitada** ni se introduce por el juzgador una acción no ejercitada, lo que no sucede en el caso de autos. En nuestro caso, **ejercitándose acciones de saneamiento por vicios ocultos, no cabe que el juzgador aplique la normativa sobre protección de consumidores por no haberse ejercitado ninguna acción de esta clase**, además de ser improcedente por no ser consumidora la demandante en el caso de autos. De hacerse lo que solicita la parte apelante en su recurso se incurriría en incongruencia (artículo 218.1 de la L.E.Civil), no siendo posible el cambio de demanda intentado por la parte actora ni su pretensión de introducir en segunda instancia una acción nueva (protección de consumidores) no ejercitada en la demanda, al margen de la imposibilidad e improcedencia de esta acción por lo razonado anteriormente».

ANEXO II.
FORMULARIOS

Contrato de compraventa de automóvil de segunda mano entre profesional y particular

En [LOCALIDAD], a [DÍA] de [MES] de [AÑO].

REUNIDOS

De una parte, don/doña [NOMBRE CLIENTE], mayor de edad, con domicilio en [DOMICILIO] y DNI [NÚMERO].

De otra parte, don/doña [NOMBRE PARTE CONTRARIA], con domicilio en [DOMICILIO] y DNI [NÚMERO].

INTERVIENEN

El primero en nombre y representación de la mercantil [NOMBRE], con CIF [NÚMERO], inscrita en el Registro Mercantil de [LUGAR], al folio [NÚMERO], del tomo [NÚMERO], de la sección [ESPECIFICAR], hoja número [NÚMERO], otorgada mediante escritura autorizada en [LUGAR], el [FECHA], ante el/la notario/a don/doña [NOMBRE NOTARIO/A], número de protocolo [NÚMERO], actuando en calidad de [ESPECIFICAR] en virtud de escritura autorizada en [LUGAR] el [FECHA], ante el/la notario/a don/doña [NOMBRE NOTARIO/A] número de protocolo [NÚMERO]. En lo sucesivo el **VENDEDOR**.

El segundo en su propio nombre y derecho. En lo sucesivo el **COMPRADOR**.

Ambas partes tienen y se reconocen la capacidad legal necesaria para otorgar el presente documento privado de compraventa y garantía de vehículos de ocasión, y a tal efecto,

EXPONEN

I.- Que el VENDEDOR es el propietario con el 100 % del pleno dominio del vehículo marca [ESPECIFICAR], modelo [ESPECIFICAR], matrícula [NÚMERO], con número de bastidor [NÚMERO].

El meritado vehículo tiene una antigüedad de [NÚMERO] años, al ser la fecha de la primera matriculación [FECHA].

Presenta un kilometraje de [NÚMERO] kilómetros.

Siendo la fecha de la última ITV el [FECHA], habiendo superado la meritada Inspección Técnica de Vehículos sin deficiencia, ni siquiera leve, alguna.

II.- Que la parte COMPRADOR, ha sido informada de todos los datos anteriormente, y estado mecánico del mismo, siendo examinado personalmente por el COMPRADOR, así como por profesional por el designado, con resultado satisfactorio.

Se adjunta **documento n.º** [NÚMERO], donde se estipulan los mismos.

III.- Que es intención del VENDEDOR proceder a la venta del meritado vehículo, estando el COMPRADOR interesado en su adquisición.

Es por ello por lo que las partes, reconociéndose la capacidad legal necesaria, suscriben el presente contrato de compraventa del vehículo con base en las siguientes,

ESTIPULACIONES

Primera.- Objeto

El objeto del presente contrato es la compra por parte del COMPRADOR al VEN-DEDOR, que vende, del vehículo referenciado en el expositivo primero, libre de cargas y gravámenes tal y como se desprende del certificado de registro de bienes muebles que se acompaña al presente como anexo [NÚMERO].

Segunda.- Precio

El precio de la venta se establece en [CANTIDAD EN LETRA] euros ([CANTIDAD EN NÚMERO] €) impuestos incluidos. El precio ha sido pactado libremente entre ambas partes valorando las características del vehículo, su antigüedad, su kilometraje y su estado de conservación.

Tercera.- Plazos y forma de pago

El precio indicado en el estipulando anterior se abonará en [NÚMERO] de plazos.

El primero se efectuará junto con la firma de la presente mediante [ESPECIFICAR MEDIO DE PAGO], procediendo al abono del [NÚMERO] % del precio total, esto es, de [CANTIDAD EN LETRA] euros ([CANTIDAD EN NÚMERO] €).

Un segundo pago de [NÚMERO] % del precio total, esto es, de [CANTIDAD EN LETRA] euros ([CANTIDAD EN NÚMERO] €), se abonará antes de [FECHA].

Y el tercer y último pago del restante, esto es, del [NÚMERO] % del precio total, esto es, de [CANTIDAD EN LETRA] euros ([CANTIDAD EN NÚMERO] €), se abonará antes de [FECHA].

La forma de pago de la segunda y tercera cuota se efectuará [DESCRIPCIÓN DE MEDIO DE PAGO].

Cuarta.- Entrega

El VENDEDOR, hace entrega del vehículo objeto de este contrato, al COMPRA-DOR, en este acto.

Junto con el mismo se le hacen entrega de:

- La Tarjeta de Inspección Técnica.
- El Permiso de Circulación.
- El Recibo del último impuesto municipal abonado.

Quinta.- Garantía

- Plazo

El plazo de garantía será de un año desde la fecha de la compra, conforme al art. 120 del Real Decreto Legislativo 1/2007, de 16 de noviembre, por el que se aprueba el texto refundido de la Ley General para la Defensa de los Consumidores y Usuarios y otras leyes complementarias (TRLGDCU). (1)

En el caso de que durante este plazo de garantía surgieran divergencias entre las partes, el adquirente, tendrá derecho a la reparación del bien cuando este no se ajustara a la descripción, tipo de bien, calidad, funcionalidad y demás características establecidas en este contrato, o cuando no fuese apto para su fin específico; y en el caso de que no se subsanara la disconformidad, a la rebaja del precio o a la resolución del contrato, según su criterio, salvo que una de estas opciones resulte imposible o desproporcionada.

Por imperativo de la Ley, el COMPRADOR no podrá exigir en ningún caso la sustitución del vehículo usado que adquiere por otro, a no ser que exista acuerdo entre ambas partes, el cual deberá, necesariamente, constar por escrito.

- Notificación

Para hacer valer su derecho, el/la COMPRADOR/A deberá notificar a la parte VEN-DEDORA, la falta de conformidad apreciada, y en el plazo de [NÚMERO] meses, como máximo, desde que se mostrara disconforme con el funcionamiento del vehículo.

La parte VENDEDORA no se responsabilizará, ni surtirá efecto la Garantía, si el COMPRADOR beneficiario de la misma, no cumple con ello, o si reparase el vehículo, sin notificación al VENDEDOR.

- De la reparación

El VENDEDOR, una vez notificados por el COMPRADOR los defectos del automó-vil, y una vez comprobados por éste su existencia, determinará el modo y manera de llevar a cabo la reparación, así como el taller donde deba ser examinado y, en su caso, reparado, el vehículo. Esta reparación se ajustará a las siguientes reglas:

1. La reparación será gratuita para el COMPRADOR, comprendiendo transporte, mano de obra y materiales.

2. En el supuesto de que sea necesaria la incorporación de piezas de recambio, estas podrán ser, si así lo pactan ambas partes, reacondicionadas, reconstruidas o usadas, pero sólo en el caso de que sea técnicamente posible para la reparación del vehículo y que la pieza incorporada cumpla las mismas funciones que la sustituida de haber sido conforme con el contrato, y se cumplan las disposiciones reglamentarias aplicables en esta materia por el VENDEDOR o el taller que este haya designado.

3. La reparación se llevará a cabo en un plazo razonable y sin mayores inconvenien-tes para el COMPRADOR.

4. Si concluida la reparación y entregado el vehículo, el COMPRADOR no se mostra-se conforme con el funcionamiento del mismo, podrá exigir, la rebaja proporcional del precio del automóvil o la resolución del contrato, con la devolución del precio pagado, descontándose de éste la parte proporcional al uso durante el tiempo en poder del ad-quirente, así como, si procediese, la consiguiente indemnización de daños y perjuicios.

- Inaplicación de la garantía

No se aplicará la garantía, ni habrá responsabilidad del VENDEDOR garante por averías o deficiencias del vehículo, aparecidas con posterioridad a la entrega del mis-mo, cuando estas circunstancias se produzcan o vengan motivadas por su uso inade-cuado; o a consecuencia de fuerza mayor, robo, hurto, negligencia, accidente o falta del mantenimiento aconsejado por el fabricante.

La garantía no cubrirá las consecuencias de los defectos existentes en el momento de la entrega del vehículo, siempre y cuando hubieran sido conocidos o hubieran po-dido conocerse por el COMPRADOR, o no pudieran fundadamente ignorarse.

La resolución del contrato de compraventa no procederá cuando la avería, defecto o vicio del vehículo sea de escasa importancia.

Las partes podrían recurrir a los peritos o entidades antes mencionados de común acuerdo, para determinar dicha circunstancia.

Sexta.- Seguro

Será responsabilidad única y exclusiva del COMPRADOR, que una vez adquirido el vehículo y en posesión de éste, el mismo esté provisto del correspondiente seguro obligatorio de circulación de vehículos a motor.

Séptima.- Compromiso de mediación y cláusula arbitral.

Para la solución de cualquier controversia derivada de la interpretación de este contrato, las partes se comprometen a intentar la mediación y la resolución de sus discrepancias a través del Centro de Mediación de [ESPECIFICAR], y en caso de no conseguirlo, se someterán al arbitraje institucional del Tribunal Arbitral del Ilustre Colegio de [ESPECIFICAR] de [PROVINCIA], al que se le encomienda la designación del árbitro o árbitros y la administración del arbitraje, de acuerdo con la legislación vigente.

Octava.- Notificaciones

Los firmantes acuerdan como medio de comunicación preferente el correo electrónico, conociendo y asumiendo, que el correo electrónico puede presentar fallo o vulnerabilidades, sin perjuicio de la posibilidad de utilizar otros medios.

– El COMPRADOR señala como dirección de comunicación electrónica: [ESPECIFICAR].

– El VENDEDOR señala que su correo electrónico a estos efectos es [ESPECIFICAR].

Novena.- Protección de datos

EL VENDEDOR se obliga a dar cumplimiento a lo establecido en el **Reglamento (UE) 2016/679 del Parlamento Europeo y del Consejo, de 27 de abril de 2016, relativo a la protección de las personas físicas en lo que respecta al tratamiento de datos personales y a la libre circulación de estos datos**, así como a la **Ley Orgánica 3/2018, de 5 de diciembre, de Protección de Datos Personales y garantía de los derechos digitales.**

Los datos de carácter personal facilitados por el COMPRADOR quedarán incorporados en el registro interno de actividades de tratamiento de [NOMBRE_EMPRESA], el VENDEDOR, y serán tratados con el fin de poder dar adecuado cumplimiento de las obligaciones legales y contractuales adquiridas, así como de mantenerle informado sobre cuestiones relativas a las actividades de la empresa y los servicios por esta prestados.

Los datos proporcionados se conservarán mientras se mantenga la relación contractual o durante los años necesarios para cumplir con las obligaciones legales.

No se contempla la realización de transferencias internacionales de datos a terceros países, ni la existencia de decisiones automatizadas o elaboración de perfiles, ni la cesión de sus datos a terceros más allá de las cesiones obligadas por la legislación vigente.

El COMPRADOR tiene derecho a acceder a sus datos personales, rectificar los datos inexactos, solicitar su supresión, limitar alguno de los tratamientos u oponerse a algún uso, vía e-mail, personalmente o mediante correo postal ante [NOMBRE_EMPRESA].

De conformidad con todo lo anterior, una vez leído el contrato con sus documentos, ambas partes lo firman, por duplicado, en [CIUDAD] a [DÍA] de [MES] de [AÑO].

Firma VENDEDOR/A | Firma COMPRADOR/A

---

(1) El art. **120.1** del **TRLGDCU** establece que en bienes de segunda mano podrá pactarse un plazo para la manifestación de la falta de conformidad que no podrá ser inferior a un año, en defecto de pacto el pacto sería de 3 años:

«1. En el caso de contrato de compraventa de bienes o de suministro de contenidos o servicios digitales suministrados en un acto único o en una serie de actos individuales, el empresario será responsable de las faltas de conformidad que existan en el momento de la entrega o del suministro y se manifiesten en un plazo de tres años desde la entrega en el caso de bienes o

de dos años en el caso de contenidos o servicios digitales, sin perjuicio de lo dispuesto en el artículo 115 ter, apartado 2, letras a) y b).

En los bienes de segunda mano, el empresario y el consumidor o usuario podrán pactar un plazo menor al indicado en el párrafo anterior, que no podrá ser inferior a un año desde la entrega».

Demanda de juicio verbal por vicios ocultos en compra de vehículo a concesionario

AL JUZGADO DE PRIMERA INSTANCIA DE [LOCALIDAD]

Don/Doña [NOMBRE_PROCURADOR_CLIENTE], procurador/a de los tribunales, en nombre y representación de **don/doña** [NOMBRE_CLIENTE], tal y como consta acreditado en el poder *apud acta* que se acompaña con la presente como doc. n.º [NÚMERO], bajo la dirección letrada de don/doña [NOMBRE_ABOGADO_CLIENTE], colegiado/a núm. [NÚMERO] por el ICA de [LOCALIDAD], ante el juzgado comparezco y, como mejor proceda en Derecho,

DIGO

Que, mediante la presente, y en virtud de lo dispuesto en el art. 117.1 del TRLGDCU, interpongo **DEMANDA DE JUICIO VERBAL EJERCITANDO ACCIÓN DE RESOLUCIÓN DE CONTRATO** contra el concesionario [ESPECIFICAR_DATOS_PARTE_CONTRARIA], por vicios ocultos en la compra de un vehículo de segunda mano, y todo ello con base en los siguientes,

HECHOS

PRIMERO.- Mi mandante adquirió en fecha [FECHA] el vehículo [ESPECIFICAR] a la parte demandada, por la cantidad de [CANTIDAD] euros.

Se acompaña como doc. n.º [NÚMERO] copia del contrato de compraventa.

SEGUNDO.- En fecha [FECHA], no habiendo transcurrido más de un año desde la adquisición, se produjeron unas averías en el vehículo [ESPECIFICAR] provenientes de [DESCRIPCIÓN].

Averías que se le notificaron en fecha [FECHA] al concesionario vendedor, parte demandada, el cual ni siquiera contestó a la notificación enviada en la que se le instaba a reparar el vehículo para dejarlo conforme con lo establecido en el contrato de compraventa.

Se acompaña como doc. n.º [NÚMERO] copia del burofax enviado solicitando la reparación del vehículo.

TERCERO.- Llevado el vehículo adquirido al taller [ESPECIFICAR] para conocer el origen de las averías y el coste de la reparación del mismo, nos indicaron que las averías procedían de [DESCRIPCIÓN] y que, por tanto, ya existían en el momento de adquisición del mismo, sin que, por la vendedora, hoy demandada, nada se expusiese en el momento de la compraventa.

Desde el taller indicado, presentaron un presupuesto de reparación que asciende a la cantidad de [CANTIDAD] euros.

También esta parte acudió a un perito para que procediera a la tasación del vehículo, tras ser conocedores de las averías que sufre, y determinar el valor real del vehículo, que debería haber sido de [CANTIDAD] euros, una diferencia de [CANTIDAD] euros con lo que en su día pagó mi mandante.

Se acompaña presupuesto de reparación como doc. n.º [NÚMERO] y como doc. n.º [NÚMERO] informe del perito al efecto.

CUARTO.- Como queda acreditado por el taller y perito, las averías del vehículo lo hacen inservible para el tránsito, por lo que, no era conforme con lo requerido y estipulado en el contrato de compraventa del mismo firmado con la parte demandada, y por ello esta parte viene a solicitar la resolución del contrato o subsidiariamente una reducción proporcional al precio pagado por el vehículo.

QUINTO.- Los defectos que presenta el vehículo implican que mi mandante no haya podido hacer uso del mismo desde la fecha de entrada al taller, dada la recomendación del mecánico de no usarlo hasta su reparación para evitar daños mayores, lo que le ha conllevado unos gastos extras consistentes en: [ESPECIFICAR].

SEXTO.- Pese a intentar una solución amistosa, habiéndose enviado burofax a la parte demandada, el cual acompañamos como documento [NÚMERO], la falta de atención a la misma nos obliga a interponer la presente acción.

A los anteriores hechos les son de aplicación los siguientes,

FUNDAMENTOS DE DERECHO

I.- JURISDICCIÓN Y COMPETENCIA

De aplicación lo estipulado en los **arts. 21** y ss. de la LOPJ, así como lo establecido en al **art. 36 de la LEC**.

Es competente el juzgado al que me dirijo de conformidad con lo dispuesto en los **artículos 45** y siguientes de la LEC, así como **artículo 50** y concordantes.

II.- CAPACIDAD Y LEGITIMACIÓN

Ambas partes poseen capacidad y legitimación suficiente de conformidad con lo estipulado en los **arts. 6, 10** y concordantes de la LEC. A tal respecto, la legitimación activa le corresponde a mi persona y la pasiva a la parte demandada.

III.- REPRESENTACIÓN

Esta parte comparece debidamente representada por procurador y abogado de conformidad con lo expuestos en los **arts. 23 y 31 de la LEC**, al ser la cuantía del procedimiento superior a 2.000 euros.

IV.- PROCEDIMIENTO

El presente procedimiento será tramitado por los cauces del juicio verbal de acuerdo con lo dispuesto en el **artículo 250.2 de la LEC**, que expone que: «Se decidirán también en el juicio verbal las demandas cuya cuantía no exceda de quince mil euros y no se refieran a ninguna de las materias previstas en el apartado 1 del artículo anterior» **(1)** y no siendo la materia en discusión ninguna de las referidas en el **art. 249 de la LEC**.

En cuanto al desarrollo del juicio verbal, resultan de aplicación los **artículos 437** y siguientes de la LEC.

V.- CUANTÍA

Se establece la cuantía del procedimiento en [CANTIDAD] euros, ello con relación a lo expuesto en el **artículo 253**, en concordancia con el **artículo 251**, ambos de la Ley de Enjuiciamiento Civil.

VI.- FONDO DEL ASUNTO

Resulta de aplicación lo dispuesto en los arts. 114 y siguientes del Real Decreto Legislativo 1/2007, de 16 de noviembre, por el que se aprueba el texto refundido de la Ley General para la Defensa de los Consumidores y Usuarios y otras leyes complementarias (TRLGDCU).

En concreto destacan los siguientes artículos:

- Art. 117.1 del TRLGDCU:

«1. **El empresario responderá ante el consumidor o usuario de cualquier falta de conformidad que exista en el momento de la entrega del bien,** contenido o servicio digital, pudiendo el consumidor o usuario, mediante una simple declaración, exigir al empresario la subsanación de dicha falta de conformidad, la reducción del precio o la resolución del contrato. **En cualquiera de estos supuestos el consumidor o usuario podrá exigir, además, la indemnización de daños y perjuicios, si procede.**

El consumidor o usuario tendrá derecho a suspender el pago de cualquier parte pendiente del precio del bien o del contenido o servicio digital adquirido hasta que el empresario cumpla con las obligaciones establecidas en el presente título».

- Art. 119 del TRLGDCU:

«**El consumidor o usuario podrá exigir una reducción proporcionada del precio o la resolución del contrato, en cualquiera de los siguientes supuestos:**

a) En relación con bienes y los contenidos o servicios digitales, cuando la medida correctora consistente en ponerlos en conformidad resulte imposible o desproporcionada en el sentido del apartado 3 del artículo 118.

b) El empresario no haya llevado a cabo la reparación o la sustitución de los bienes o no lo haya realizado de acuerdo con lo dispuesto en los apartados 5 y 6 del artículo 118 o no lo haya hecho en un plazo razonable siempre que el consumidor o usuario hubiese solicitado la reducción del precio o la resolución del contrato.

c) El empresario no haya puesto los contenidos o servicios digitales en conformidad de acuerdo con las reglas recogidas en el apartado 4 del artículo 118.

d) Aparezca cualquier falta de conformidad después del intento del empresario de poner los bienes o los contenidos o servicios digitales en conformidad.

e) La falta de conformidad sea de tal gravedad que se justifique la reducción inmediata del precio o la resolución del contrato.

f) El empresario haya declarado, o así se desprenda claramente de las circunstancias, que no pondrá los bienes o los contenidos o servicios digitales en conformidad en un plazo razonable o sin mayores inconvenientes para el consumidor o usuario».

- Art. 119 bis.1 del TRLGDCU:

«1. La reducción del precio será proporcional a la diferencia existente entre el valor que el bien o el contenido o servicio digital hubiera tenido en el momento de la entrega o suministro de haber sido conforme con el contrato y el valor que el bien o el contenido o servicio digital efectivamente entregado o suministrado tenga en el momento de dicha entrega o suministro».

- Art. 119 ter del TRLGDCU:

«1. El consumidor o usuario ejercerá el derecho a resolver el contrato mediante una declaración expresa al empresario indicando su voluntad de resolver el contrato.

2. La resolución no procederá cuando la falta de conformidad sea de escasa importancia, salvo en los supuestos en que el consumidor o usuario haya facilitado datos personales como contraprestación, correspondiendo la carga de la prueba al empresario.

3. Cuando la falta de conformidad se refiera sólo a algunos de los bienes entregados en virtud del mismo contrato y haya motivos para su resolución, el consumidor o usuario podrá resolver el contrato sólo respecto de dichos bienes y, en relación con cualesquiera de los otros bienes, podrá resolverlo también si no se puede razonablemente esperar que el consumidor o usuario acepte conservar únicamente los bienes conformes.

4. Las obligaciones de las partes en caso de resolución del contrato de compraventa de bienes serán las siguientes:

a) El empresario reembolsará al consumidor o usuario el precio pagado por los bienes tras la recepción de estos o, en su caso, de una prueba aportada por el consumidor o usuario de que los ha devuelto.

b) El consumidor o usuario restituirá al empresario, a expensas de este último, los bienes.

5. Las obligaciones y derechos del empresario en caso de resolución del contrato de suministro de contenidos o servicios digitales serán los siguientes:

a) El empresario reembolsará al consumidor o usuario todos los importes pagados con arreglo al contrato.

No obstante, en los casos en los que el contrato establezca el suministro de los contenidos o servicios digitales a cambio del pago de un precio y durante un período de tiempo determinado, y los contenidos o servicios digitales hayan sido conformes durante un período anterior a la resolución del contrato, el empresario reembolsará al consumidor o usuario únicamente la parte proporcional del precio pagado correspondiente al período de tiempo durante el cual los contenidos o servicios digitales no fuesen conformes, así como toda parte del precio pagado por el consumidor o usuario como pago a cuenta de cualquier período restante del contrato en caso de que este no hubiese sido resuelto.

b) En lo que respecta a los datos personales del consumidor o usuario, el empresario cumplirá las obligaciones aplicables con arreglo al Reglamento (UE) 2016/679 general de protección de datos, así como a la Ley Orgánica 3/2018, de 5 de diciembre, de Protección de Datos Personales y garantía de los derechos digitales.

c) El empresario se abstendrá de utilizar cualquier contenido, distinto de los datos personales, proporcionado o creado por el consumidor o usuario al utilizar los contenidos o servicios digitales suministrados por el empresario, excepto cuando dicho contenido cumpla alguna de las condiciones recogidas en el artículo 107.5.

d) Salvo en las situaciones a que se refiere el artículo 107.5, letras a), b) o c), el empresario pondrá a disposición del consumidor o usuario, a petición de este, cualquier contenido distinto de los datos personales que el consumidor o usuario haya proporcionado o creado al utilizar los contenidos o servicios digitales suministrados por el empresario.

e) El consumidor o usuario tendrá derecho a recuperar los contenidos digitales que haya creado al utilizar los contenidos o servicios digitales sin cargo alguno, sin impedimentos por parte del empresario, en un plazo razonable y en un formato utilizado habitualmente y legible electrónicamente.

f) El empresario podrá impedir al consumidor o usuario cualquier uso posterior de los contenidos o servicios digitales, en particular, haciendo que estos no sean accesibles para el consumidor o usuario o inhabilitándole la cuenta de usuario, sin perjuicio de lo dispuesto en la letra d).

6. Las obligaciones del consumidor o usuario en caso de resolución del contrato de suministro de contenidos o servicios digitales serán las siguientes:

a) Tras la resolución del contrato, el consumidor o usuario se abstendrá de utilizar los contenidos o servicios digitales y de ponerlos a disposición de terceros.

b) Cuando los contenidos digitales se hayan suministrado en un soporte material, el consumidor o usuario, a solicitud y a expensas del empresario, devolverá el soporte material a este último sin demora indebida. Si el empresario decide solicitar la devolución del soporte material, dicha solicitud se realizará en el plazo de catorce días a partir de la fecha en que se hubiese informado al empresario de la decisión del consumidor o usuario de resolver el contrato.

c) Al consumidor o usuario no se le podrá reclamar ningún pago por cualquier uso realizado de los contenidos o servicios digitales durante el período previo a la resolución del contrato durante el cual los contenidos o servicios digitales no hayan sido conformes.

7. El ejercicio por el consumidor o usuario de su derecho a retirar su consentimiento u oponerse al tratamiento de datos personales permitirá que el empresario resuelva el contrato siempre y cuando el suministro de los contenidos o servicios digitales sea continuo o consista en una serie de actos individuales y se encuentre pendiente de ejecutar en todo o en parte. En ningún caso el ejercicio de estos derechos por el consumidor supondrá el pago de penalización alguna a su cargo».

Tal y como se recoge en la **sentencia de la Audiencia Provincial de Ourense n.º 53/2024, de 25 de enero, ECLI:ES:APOU:2024:126:**

«La falta de conformidad es un concepto jurídico que pretende describir **cualquier desviación de los bienes entregados respecto de las expectativas fundadas del comprador en el contrato de compraventa, equiparándose conformidad con exacto cumplimiento del contrato,** es decir, adecuada correspondencia entre la cosa que el vendedor entrega y la cosa tal y como efectivamente fue concebida por las partes en el momento de perfeccionar el contrato. Es un concepto que engloba el cumplimiento defectuoso o inexacto, los vicios o defectos de la cosa, e incluso, la prestación distinta a la pactada o "aliud pro alio". Por ello la utilización del concepto de conformidad implica suprimir el sistema especial de responsabilidad propio del saneamiento por vicios ocultos y unificar el sistema de responsabilidad por el incumplimiento de cualquier obligación en la compraventa.

La falta de conformidad es una manifestación más del incumplimiento contractual que da lugar a la aplicación del sistema general de remedios propios del incumplimiento, si bien con las particularidades propias de la naturaleza de la obligación incumplida».

Al resultar aplicable el TRLGDCU se presume que las faltas de conformidad ya existían cuando se entregó el vehículo en el caso de que se manifiesten en los dos años siguientes a la entrega del mismo, y en este sentido cabe citar la **sentencia de la Audiencia Provincial de Jaén n.º 1403/2022, de 23 de diciembre, ECLI:ES:APJ:2022:1812,** en la que se afirma:

«La SAP Valencia 23-4-2008 afirma que en las reclamaciones de los consumidores rige la inversión de la carga de la prueba: cuando el consumidor denuncia un vicio en un bien, es el vendedor y productor quién para eludir su responsabilidad, han de acreditar y probar la inexistencia del defecto y que dicho bien se encuentra en perfecto estado de uso y funcionamiento, sin que el consumidor debe aprobar el origen del vicio. Pero esta inversión de la carga de la prueba requiere que la propia existencia del vicio sea evidenciaba de alguna manera, de manera que no basta la mera manifestación del consumidor.

En el caso autos es la actora la que precisamente ha aportado un informe pericial para acreditar los defectos sufridos por el vehículo y la parte vendedora se ha limitado a impugnar el informe pericial de la actora, sin presentar ningún informe alternativo, pese a incumbirle la carga de la prueba.

La SAP Zamora 1-10-2009, declara que el consumidor debe denunciar y advertir del defecto del bien adquirido siendo al fabricante o vendedor al que correspondía acreditar y probar el perfecto estado del objeto o la inexistencia del defecto o problema alegado o bien la reparación plenamente satisfactoria del mismo que revele la condición óptima para el uso de su destino. Sin embargo, si el consumidor pone obstáculos al vendedor para comprobar la falta de conformidad no procederá la presunción reconocida en la forma en la norma a favor del consumidor, sin que en el presente caso el consumidor haya puesto algún tipo de obstáculo, sino precisamente todo lo contrario, como se puede apreciar en la comunicación realizada con la parte vendedora y que se aporta al escrito de demanda».

También cabe citar la **sentencia de la Audiencia Provincial de Madrid n.º 202/2023, de 27 de marzo, ECLI:ES:APM:2023:5198**, en la que se dice al respecto que:

«Desde esta perspectiva, ocurrida la avería en cuestión, en cualquier caso, antes del transcurso de un año desde la entrega del vehículo de segunda mano, correspondía a la representación procesal de la entidad empresarial o profesional vendedora, aquí demandada -sobre quien, conforme a lo prevenido por el artículo 217 de la Ley de Enjuiciamiento Civil, pesaba la correspondiente carga probatoria para desvirtuar la presunción legal establecida por el artículo 121 del texto refundido de la Ley General para la Defensa de los Consumidores y Usuarios y otras leyes complementarias-, la justificación de haber efectuado la necesaria comprobación, dado el kilometraje del vehículo, del adecuado estado que presentaba la cadena de distribución del vehículo en el momento de la venta, y de haber advertido e informado al consumidor-comprador de la necesidad o conveniencia de su reemplazo. Consecuentemente, no resultando acreditada dicha circunstancia debe concluirse que el vehículo no reunía, en el momento de la entrega, los requisitos objetivos y subjetivos para considerarlo conforme con el contrato, al no resultar plenamente apto para su circulación con la necesaria seguridad durante un periodo de tiempo razonable y, en todo caso, dentro del periodo de la garantía comercial que la entidad vendedora, como empresaria, venía legalmente obligada a reconocer al comprador-consumidor».

En este caso nos encontramos ante un defecto anterior a la venta y que no puede ser imputable al escaso uso que mi mandante ha hecho del vehículo, no pudiendo olvidar que, tal y como se recoge en la **sentencia de la Audiencia Provincial de Álava n.º 1189/2023, de 10 de octubre, ECLI:ES:APVI:2023:1155**: «(...) está aceptando que al comprar un coche con las características previstas en el contrato de antigüedad y kilometraje, tiene mayor riesgo de sufrir una avería que si el vehículo fuera nuevo o seminuevo, por lo que es indudable que no podría reclamar como consecuencia del deterioro de alguna de las piezas o mecanismos del vehículo adquirido en ese estado, dado que conocía las características del vehículo, antigüedad kilometraje estado de la carrocería, etc., **pero a lo que no renunciaba es a los defectos que ya pudieran existir en el vehículo por haberle transmitido el objeto del contrato con un defecto de tal gravedad como los señalados en la demanda**».

VII.- *IURA NOVIT CURIA*

En todo lo no invocado resulta de aplicación el principio *iura novit curia*, plasmado en el párrafo segundo del punto primero del **artículo 218 de la Ley de Enjuiciamiento Civil**, en virtud del cual serán aplicables las demás normas que sean de pertinente, especial o general aplicación, y que el juzgador podrá tener en cuenta de oficio sin necesidad de que hayan sido previamente alegadas o invocadas por alguna de las partes intervinientes.

VIII.- INTERESES

Artículo 1108 del Código Civil

«Si la obligación consistiere en el pago de una cantidad de dinero, y el deudor incurriere en mora, la indemnización de daños y perjuicios, no habiendo pacto en contrario, consistirá en el pago de los intereses convenidos, y a falta de convenio, en el interés legal».

IX.- COSTAS

De conformidad con el **artículo 394 de la LEC**, las costas deberán ser impuestas a la parte demandada.

Por lo expuesto,

SUPLICO AL JUZGADO:

Que tenga por presentado este escrito, con sus copias y documentos que la acompañan, se sirva admitirlo, les dé la tramitación legal pertinente y tenga por formulada **DEMANDA DE RESOLUCIÓN DE CONTRATO** contra el concesionario [ESPECIFICAR DATOS_PARTE CONTRARIA] y, en su día, y previos los trámites oportunos, se sirva dictar sentencia por la que se resuelva:

- La resolución del contrato de compraventa del vehículo [ESPECIFICAR], de fecha [FECHA], celebrado entre mi mandante y la parte demandada.

- Se condene al demandado a estar y pasar por dicha declaración, y en consecuencia se le condene a reintegrar a mi representado la cantidad de [ESPECIFICAR CANTIDAD] euros en su día abonada por el vehículo, más [ESPECIFICAR CANTIDAD] euros correspondientes a los gastos derivados del contrato.

- Se condene al demandado a abonar la cantidad de [CANTIDAD] en concepto de indemnización de daños y perjuicios.

- Subsidiariamente, y para el caso de que no se estime la resolución del contrato, se condene a la parte demandada a abonar a mi mandante la cantidad de [CANTIDAD] euros en concepto de rebaja proporcional del precio pagado en el momento de la compra del vehículo.

Todo ello con los intereses legales pertinentes y expuestos en los fundamentos jurídicos de la presente y con expresa imposición en costas a la parte demandada.

Por ser justicia que pido en [LOCALIDAD], [FECHA]

<table>
<tr><td>Fdo.: D./D.ª</td><td>Fdo.: D./D.ª</td></tr>
<tr><td>[NOMBRE_ABOGADO_CLIENTE]</td><td>[NOMBRE_PROCURADOR_CLIENTE]</td></tr>
<tr><td>Col. n.º [NÚMERO_COLEGIADO_ABOGADO_CLIENTE]</td><td>Col. n.º [NÚMERO_COLEGIADO_PROCURADOR_CLIENTE]</td></tr>
</table>

OTROSÍ DIGO: siendo intención de esta parte cumplir con todos los requisitos legales, a tenor de lo previsto en el artículo 231 de la Ley de Enjuiciamiento Civil, se solicita se le diere traslado de cualquier defecto que adoleciere la presente demanda, para la inmediata subsanación de la misma.

En su virtud,

SUPLICO AL JUZGADO:

Que tenga por efectuada la anterior manifestación a los efectos oportunos.

Por ser justicia que pido, fecha y lugar *ut supra*,

Fdo.: D./D.ª	Fdo.: D./D.ª
[NOMBRE_ABOGADO_CLIENTE]	[NOMBRE_PROCURADOR_CLIENTE]
Col. n.º. [NÚMERO_COLEGIADO_ABO-GADO_CLIENTE]	Col. n.º. [NÚMERO_COLEGIADO_PRO-CURADOR_CLIENTE]

---

(1) El RD-ley 6/2023, de 19 de diciembre, modifica el artículo 250 de la LEC con entrada en vigor el 20/03/2024. El extracto mostrado en este formulario constituye la versión vigente desde esa fecha.

Contrato de compraventa de automóvil entre particulares

En [CIUDAD] a [DÍA] de [MES] de [AÑO].

REUNIDOS

DE UNA PARTE: Don/Doña [NOMBRE] mayor de edad, con [DOMICILIO] y con DNI [NÚMERO], en adelante vendedor,

DE OTRA PARTE: Don/Doña [NOMBRE] mayor de edad, con [DOMICILIO] y con DNI [NÚMERO], en adelante comprador,

INTERVIENEN

Ambos en su propio nombre y derecho, y reconociéndose la capacidad legal necesaria para otorgar el presente Documento Privado de Compraventa de vehículo, a tal efecto,

EXPONEN

Reunidos de una parte el vendedor y de otra el comprador en la fecha señalada al inicio, manifiestan haber acordado formalizar por el presente documento contrato de **COMPRAVENTA** del vehículo que se especifica a continuación:

Marca [NOMBRE]

Modelo [NOMBRE]

N.º de Bastidor: [NÚMERO].

Matrícula: [NÚMERO].

Fecha primera matriculación: [DÍA] de [MES] de [AÑO].

Kilometraje: [NÚMERO]

La compraventa se realiza conforme a las siguientes,

ESTIPULACIONES

PRIMERA.- Don/Doña [NOMBRE], actuando en su propio nombre y derecho, VENDE a don/doña [NOMBRE] que COMPRA el vehículo reseñado en el exponendo anterior, en el estado técnico y de conservación que se refleja en la documentación acreditativa de haber pasado la correspondiente ITV en fecha [DÍA] de [MES] de [AÑO], circunstancias que han sido determinantes en el precio de la compraventa.

SEGUNDA.- El precio de la citada compraventa, teniendo en cuenta las características del vehículo, el estado en que se encuentra, su antigüedad y kilometraje, se PACTA de común acuerdo en [CANTIDAD_EN_LETRA] euros ([CANTIDAD] €), sin incluir los impuestos correspondientes que serán a cargo del comprador. Por este acto se realiza el pago al vendedor de la cantidad estipulada, sirviendo este documento como eficaz carta de pago (1).

TERCERA.- El vendedor, en este acto, hace entrega al comprador, del automóvil que adquiere, libre de cargas y gravámenes, haciéndose este último responsable desde la fecha del presente documento, de cuantas cuestiones pudieran derivarse del uso o posesión del mismo, incluidas responsabilidades y sanciones de cualquier tipo.

CUARTA.- El comprador declara conocer el estado actual del bien y exonera de manera expresa al vendedor de cualquier responsabilidad por vicios o defectos ocultos o posibles averías que el bien manifieste en un futuro, según se determina en el artículo 1485 del Código Civil, salvo aquellos ocultos que tengan su origen en dolo o mala fe del vendedor.

El vendedor responderá frente al comprador tanto de la posesión legal y pacífica de la cosa vendida como de los vicios o defectos ocultos que tuviere, durante un plazo de seis meses, de conformidad con lo establecido en el artículo 1490 del Código Civil.

QUINTA.- No existirá responsabilidad del vendedor por averías o deficiencias del vehículo, aparecidas con posterioridad a la entrega del mismo, cuando estas circunstancias se produzcan o vengan motivadas por su uso inadecuado; o a consecuencia de fuerza mayor, robo, hurto, negligencia, accidente o falta del mantenimiento aconsejado por el fabricante.

SEXTA.- Será responsabilidad única y exclusiva del comprador, que una vez adquirido y en posesión del vehículo transmitido, se provea del preceptivo seguro de circulación, en la modalidad que estime necesario, por lo que a tenor de lo anterior, el vendedor queda exento de cualquier tipo de responsabilidad que pudiera derivarse en el supuesto de que el automóvil que vende circulase sin seguro, sirviendo el presente documento como el más eficaz medio para la transmisión de la propiedad al comprador, con independencia del período de tiempo que transcurra hasta que se hubiese completado la transferencia .

SÉPTIMA.- El vendedor se compromete a facilitar los documentos relativos al vehículo, así como a firmar cuantos documentos sean necesarios para el cambio de titularidad ante los correspondientes organismos públicos, siendo todos los gastos a cargo del comprador.

OCTAVA.- Para el cumplimiento o incumplimiento de lo anteriormente pactado, las partes de común acuerdo renuncian a los fueros que pudieran corresponderles, designando los juzgados y tribunales de [CIUDAD].

En prueba de conformidad, una vez leído el contrato y su anexo, que forma parte integrante e inseparable del mismo, ambas partes firman el presente documento, por duplicado y a un solo efecto, en el lugar y fecha indicados en el encabezamiento.

Fdo. Comprador [NOMBRE] Fdo. Vendedor [NOMBRE]

---

(1) En caso de que el pago no se realice en ese momento especificar el modo de pago acordado y el plazo para hacer el mismo.

Escrito de reclamación extrajudicial de reclamación de cantidad por vicios ocultos en la compra de vehículo a concesionario

A/A de la mercantil [NOMBRE]

NIF: [NÚMERO]

Domicilio: [DOMICILIO_PARTE_CONTRARIA]

En [LOCALIDAD], a [FECHA]

Asunto: reclamación vicios ocultos compraventa de vehículo.

Don/Doña [NOMBRE_ABOGADO_CLIENTE], letrado del Ilustre Colegio de Abogados de [CIUDAD] con número de colegiado [NÚMERO] y con despacho profesional a efecto de notificaciones en [DIRECCIÓN], actuando en nombre y representación de **don/doña** [NOMBRE_CLIENTE], con DNI número [NÚMERO], conforme al poder que se acompaña como documento n.º [NÚMERO], ante ustedes comparezco y, como mejor proceda,

DIGO

PRIMERO.- Mi representado adquirió en fecha [FECHA] el vehículo de la marca [ESPECIFICAR], modelo [ESPECIFICAR], n.º de bastidor [NÚMERO] y matrícula [NÚMERO], al concesionario al que me dirijo, por la cantidad de [CANTIDAD] euros.

(Se acompaña como documento n.º [NÚMERO] copia del contrato de compraventa).

SEGUNDO.- En fecha [FECHA], no habiendo transcurrido más de seis meses **(1)** desde la adquisición, se produjeron unas averías en el vehículo [ESPECIFICAR] provenientes de [DESCRIPCIÓN].

TERCERO.- Llevado el vehículo adquirido al taller [ESPECIFICAR] para conocer el origen y reparación del mismo, nos indicaron que las averías procedían de [DESCRIPCIÓN] y que, por tanto, ya existían en el momento de adquisición del mismo sin que, por la vendedora, hoy demandada, nada se expusiese en el momento de la compraventa.

Desde el taller indicado, presentaron un presupuesto de reparación que asciende la cantidad de [CANTIDAD] euros.

También esta parte acudió a un perito para que procediera a la tasación del vehículo, tras ser conocedores de las averías que sufre, y determinar el valor real del vehículo, que debería haber sido de [CANTIDAD] euros, una diferencia de [CANTIDAD] euros con lo que en su día pagó mi mandante.

(Se acompaña presupuesto de reparación como documento n.º [NÚMERO] y como documento n.º [NÚMERO] informe del perito al efecto).

CUARTO.- Como queda acreditado por el taller y perito, las averías del vehículo lo hacen inservible para el tránsito, por lo que, no cumplía con lo requerido y estipulado en el contrato de compraventa del mismo firmado con la parte demandada, y por ello esta parte viene a solicitar una rebaja proporcional al precio pagado por el vehículo o subsidiariamente que se proceda por el concesionario a la total reparación del vehículo, y den cumplimiento a lo estipulado en los artículos 117 y siguientes del TRLGCU.

En su virtud:

Mediante la presente, mi cliente solicita que el concesionario al que me dirijo proceda a dar cumplimiento de sus obligaciones por vicios ocultos en la cosa vendida, tal y como le obliga el TRLGCU en sus arts. 115 y siguientes y devuelva a mi cliente la cantidad de [CANTIDAD] euros en concepto de rebaja del precio pagado por el vehículo en cuestión o que proceda a realizar y costear la reparación total del vehículo.

En caso de que no cumpla con sus obligaciones legales, esta parte se verá obligada a interponer las acciones pertinentes en la vía judicial.

Sin más, reciba un cordial saludo.

[FIRMA_ABOGADO]

---

(1) En cuanto al plazo para manifestar la falta de conformidad debe tenerse presente los dispuesto en el art. 120.1 del TRLGCU.

Demanda alegando la doctrina *aliud pro alio* (Modelo genérico)

AL JUZGADO DE PRIMERA INSTANCIA DE [LOCALIDAD]

Don/Doña [NOMBRE PROCURADOR CLIENTE], procurador de los tribunales y de **don/doña** [NOMBRE CLIENTE] en virtud de poder (*apud acta*/notarial) a mi favor conferido, copia que del mismo se acompaña como **documento n.º** [NÚMERO], bajo la dirección letrada de **don/doña** [NOMBRE ABOGADO CLIENTE], colegiado núm. [NÚMERO] por el ICA de [LUGAR], ante el juzgado comparezco y, como mejor proceda en Derecho,

DIGO

Que, mediante este escrito, presento **DEMANDA DE JUICIO VERBAL (1)** por incumplimiento contractual frente a don/doña [NOMBRE PARTE CONTRARIA], con domicilio en [DOMICILIO] y NIF [NÚMERO] y ello con base en los siguientes,

HECHOS

PRIMERO.- Mi representado firmó contrato de compraventa de [DESCRIPCIÓN] con don/doña [NOMBRE PARTE CONTRARIA] en la fecha [DÍA] [MES] [AÑO].

SEGUNDO.- La adversa incumplió en los siguientes términos y extremos el contrato convenido con esta parte.

[DESCRIPCIÓN] **(2)**, de hecho, se produce una contraprestación totalmente ajena a lo que se había contratado, toda vez que [ESPECIFICAR]

TERCERO.- El incumplimiento manifiesto del contrato, ha producido que mi mandante no consiguiese [DESCRIPCIÓN] por lo que la normativa de aplicación (art. 1124 del Código civil (CC) y concordantes) otorga a esta parte la facultad de ejercer las acciones necesarias para poner fin a esta situación de incumplimiento.

CUARTO.- El día [DÍA], [MES] de [AÑO], mi poderdante decidió comenzar las acciones legales a las que tiene acceso para romper la relación contractual que mantiene con don/doña [NOMBRE PARTE CONTRARIA], primero de forma extrajudicial, como se demuestra de la copia del burofax con contenido certificado que se acompaña como documento n.º [NÚMERO], a lo que se ha hecho caso omiso por la contraparte, y es por ello que se presenta esta demanda.

A lo anteriores hechos, le son de aplicación los siguientes,

FUNDAMENTOS DE DERECHO

I.- JURISDICCIÓN Y COMPETENCIA

Debe entender del presente procedimiento la Jurisdicción civil, de conformidad con lo dispuesto en los **arts. 9, 21 y concordantes de la Ley Orgánica del Poder Judicial (LOPJ)** así como competencia de los juzgados a los que me dirijo, de conformidad con lo dispuesto en los **arts. 45 y 51 de la Ley de enjuiciamiento civil (LEC)**.

II.- CAPACIDAD Y LEGITIMACIÓN

Conforme al **artículo 6 de la LEC y concordantes**, ambas partes ostentan capacidad para ser parte, así como se encuentran legitimados de conformidad con lo dispuesto en los **arts. 10 y concordantes de la propia LEC**.

III.- CUANTÍA

Se establece la cuantía de la demanda en la cantidad de [CANTIDAD_EN_LETRA] euros ([CANTIDAD] €).

IV.- PROCEDIMIENTO

La cuantía de la demanda no supera los 15.000 euros, por lo que deberán seguirse los trámites del juicio verbal, de conformidad con el **artículo 250.2 de la LEC (3)**.

V.- POSTULACIÓN Y DEFENSA

El presente escrito, se interpone por medio de procurador y bajo la dirección de letrado conforme a lo dispuesto en los artículos 23 y 31 de la LEC.

VI.- FONDO DEL ASUNTO

Se plantea la acción resolutoria del **artículo 1124 del Código Civil**, en relación con el **artículo 1101** del mismo código.

Se trata de un supuesto de entrega de cosa distinta por ser inadecuada *(aliud pro alio)* a causa de un cumplimiento distinto por haber sido vendido un objeto que no resulta adecuado para el fin propuesto en la compraventa.

El *aliud pro alio*, consagrado en nuestra jurisprudencia como figura autónoma, permite acudir a la protección que dispensan los citados preceptos.

Con un criterio funcional, se ha de relacionar la figura del *aliud pro alio*, con la inadecuación de la cosa entregada para el fin que determinó su adquisición.

El vendedor ha de entregar, la cosa con las condiciones precisas para que pueda ser utilizada según su destino.

La doctrina señala que el incumplimiento contractual por prestación diversa a la acordada tiene lugar cuando se da la inhabilidad del objeto, y consiguiente insatisfacción total del comprador, que da lugar a la sanción de los artículos 1101 y 1124 del Código Civil. El Supremo, define la existencia de la pretensión diversa como la entrega de una cosa distinta a la pactada, y como el incumplimiento por inhabilidad del objeto, o por insatisfacción del comprador.

En este caso, el vendedor hace entrega de cosa totalmente distinta, con respecto a las condiciones que fueron pactadas, de tal modo que la cosa pasa a ser absolutamente inservible; circunstancia ante la cual la jurisprudencia otorga la consecuencia jurídica de nulidad del contrato, ex artículo 1124 del Código Civil.

- [DESCRIPCIÓN]

Con relación a la doctrina *aliud pro alio* la **STS n.º 1059/2008, de 20 de noviembre, ECLI:ES:TS:2008:6276**, ha establecido:

> «(...) en definitiva el "aliud pro alio" se aplica cuando en el contrato de compraventa se da una cosa diversa a la convenida, lo que se pone de manifiesto cuando hay una falta tan grave en las cualidades del bien entregado, sea ontológica o funcionalmente, que permite considerar que se está ante un incumplimiento contractual". Es cierto que la doctrina de esta Sala ha incluido en los casos de falta de adecuación de las prestaciones de acuerdo con lo estrictamente pactado, aquellos otros en que "produciéndose una objetiva y natural identidad, la prestación ofrecida es inhábil en relación con el objeto o

inidónea para cumplir las finalidades o intereses del acreedor cuando éstos han sido conocidos por el deudor" (SSTS 29 octubre 1990, 1 marzo 1991, 28 enero 1992, 23 enero 1998)».

En la misma línea la **sentencia del Tribunal Supremo n.º 847/2022, de 28 de noviembre, ECLI:ES:TS:2022:4417,** ha señalado respecto a la aplicación de la doctrina *aliud pro alio*:

> «En tal contexto obligacional contractual puede surgir responsabilidad del suministrador no porque haya incumplido una obligación de resultados, sino también, en su caso, porque el bien objeto de suministro resulte defectuoso e inhábil para su destino. La jurisprudencia del TS ha reiterado en múltiples ocasiones que se está en presencia de la entrega de una cosa diversa o aliud pro alio cuando existe pleno incumplimiento del contrato de compraventa por inhabilidad del objeto vendido para cumplir la finalidad para que se vendió, y consiguientemente se ha producido la insatisfacción del comprador, lo que en estos casos permite acudir a la protección que dispensan los artículos 1101 y 1124 del Código Civil (...)».

En aplicación del art. 394.1 de la LEC, deberán imponerse las costas al demandado.

VII.- *IURA NOVIT CURIA*

En todo lo no invocado resulta de aplicación el principio *iura novit curia*, plasmado en el párrafo segundo del punto primero del **artículo 218 de la Ley de Enjuiciamiento Civil,** en virtud del cual serán aplicables las demás normas que sean de pertinente, especial o general aplicación, y que el juzgador podrá tener en cuenta de oficio sin necesidad de que hayan sido previamente alegados o invocados por alguna de las partes intervinientes.

Por todo ello,

SUPLICO AL JUZGADO:

Que teniendo por presentado este escrito, junto con sus copias y documentos adjuntos, los admita, les de la tramitación oportuna y, previo los trámites de rigor entre los que se interesa el recibimiento del pleito a prueba, se dicte sentencia por la que, ESTIMANDO la presente demandada:

- Declare resuelto el contrato de compraventa estipulado por las partes.

- Condene a la adversa a estar y pasar por tal declaración.

- Condene a la adversa a abonar a mi mandante las cantidades entregadas en concepto de precio de venta y demás gastos, que ascienden a la cantidad de [CANTIDAD EN LETRA] euros ([CANTIDAD] €).

Todo ello con expresa condena en costas a la adversa, con todo lo demás que sea procedente en derecho.

Por ser justicia que pido en [LUGAR] a [FECHA]

Ldo. [NOMBRE Y FIRMA LETRADO] | Proc. [NOMBRE Y FIRMA PROCURADOR]

PRIMER OTROSÍ DIGO: esta parte interesa el recibimiento del pleito a prueba, solicitando desde este momento la citación judicial del perito don/doña [NOMBRE_TESTIGO], con DNI [NÚMERO] y domicilio en [DOMICILIO_TESTIGO], para que declare sobre los hechos objeto de la demanda.

En su virtud,

SUPLICO AL JUZGADO:

Tenga por solicitado el recibimiento del pleito a prueba, procediendo a la citación del testigo solicitado.

SEGUNDO OTROSÍ DIGO: siendo intención de esta parte cumplir con todos los requisitos legales, a tenor de lo previsto en el artículo 231 de la Ley de Enjuiciamiento Civil, se solicita se le diere traslado de cualquier defecto que adoleciere la presente demanda, para la inmediata subsanación de la misma.

Por lo anterior,

SUPLICO AL JUZGADO:

Tenga por efectuada la anterior manifestación a los efectos oportunos.

Por ser justicia que pido en fecha y lugar *ut supra*.

Ldo. [NOMBRE Y FIRMA LETRADO] | Proc. [NOMBRE Y FIRMA PROCURADOR]

---

(1) La causa se tramitará según el procedimiento del juicio verbal si la cuantía del proceso no supera los 15.000€, en caso contrario deberán seguirse los trámites del procedimiento ordinario.

(2) Descripción detallada del supuesto de hecho que motiva la interposición de la demanda.

(3) El RD-ley 6/2023, de 19 de diciembre, modifica el artículo 250 de la LEC con entrada en vigor el 20/03/2024.

Demanda de juicio verbal por vicios ocultos en compra de vehículo entre particulares

AL JUZGADO DE PRIMERA INSTANCIA DE [LOCALIDAD]

Don/Doña [NOMBRE_PROCURADOR_CLIENTE], procurador/a de los tribunales, en nombre y representación de **don/doña** [NOMBRE_CLIENTE], tal y como consta acreditado en el poder *apud acta* que se acompaña con la presente como **doc. n.º** [NÚMERO], bajo la dirección letrada de don/doña [NOMBRE_ABOGADO_CLIENTE], colegiado/a núm. [NÚMERO] por el ICA de [LOCALIDAD], ante el juzgado comparezco y, como mejor proceda en Derecho,

DIGO

Que mediante la presente interpongo **DEMANDA DE JUICIO VERBAL EN EJERCICIO DE LA ACCIÓN EDILICIA**, conforme a lo establecido en **los arts. 1484 y ss.** del Código Civil, contra **don/doña** [NOMBRE_PARTE_CONTRARIA], con DNI [NÚMERO], y domicilio en [DIRECCIÓN], por vicios ocultos en la compra de un vehículo de segunda mano, y todo ello con base en los siguientes,

HECHOS

PRIMERO.- Mi mandante adquirió en fecha [FECHA] el vehículo [ESPECIFICAR] a la parte demandada, por la cantidad de [CANTIDAD] euros.

Se acompaña como **doc. n.º** [NÚMERO] copia del contrato de compraventa.

SEGUNDO.- Tras la adquisición del vehículo y su uso, el demandante ha descubierto la existencia de diversos vicios ocultos que afectan gravemente a la funcionalidad y seguridad del mismo. Entre los defectos detectados se encuentran [DESCRIPCIÓN], los cuales no eran evidentes ni podían ser conocidos por el comprador en el momento de la compraventa.

Averías que se le notificaron en fecha [FECHA] al vendedor ahora demandado, el cual ni siquiera contestó a la notificación enviada.

Se acompaña como **doc. n.º** [NÚMERO] copia del burofax enviado.

TERCERO.- Llevado el vehículo adquirido al taller [ESPECIFICAR] para conocer el origen de los fallos y la posibilidad de reparación de los mismos, el mecánico responsable informó de que las averías procedían de [DESCRIPCIÓN] y que, por tanto, ya existían en el momento de adquisición del mismo, sin que por el vendedor, hoy demandado, nada se expusiese en el momento de la compraventa.

Desde el taller indicado, presentaron un presupuesto de reparación que asciende a la cantidad de [CANTIDAD] euros.

Esta parte también solicitó los servicios de un perito para que procediera a la tasación del vehículo, tras ser conocedores de las averías que sufre, y determinar el valor real del vehículo, que debería haber sido de [CANTIDAD] euros, una diferencia de [CANTIDAD] euros con lo que en su día pagó mi mandante.

Se acompaña presupuesto de reparación como doc. n.º [NÚMERO] y como doc. n.º [NÚMERO] informe del perito al efecto.

CUARTO.- Estos vicios ocultos hacen que el vehículo sea impropio para el uso al que se destina o disminuyen de tal modo este uso que, de haberlos conocido mi mandante, no habría adquirido el vehículo o habría pagado un precio inferior por él.

QUINTO.- Pese a intentar una solución amistosa, habiéndose enviado burofax a la parte demandada, el cual acompañamos como doc. n.° [NÚMERO], la falta de respuesta nos obliga a interponer la presente demanda.

A los anteriores hechos les son de aplicación los siguientes,

FUNDAMENTOS DE DERECHO

I.- JURISDICCIÓN Y COMPETENCIA

De aplicación lo estipulado en los **arts. 21** y ss. de la LOPJ, así como lo establecido en al **art. 36 de la LEC**.

Es competente el juzgado al que me dirijo de conformidad con lo dispuesto en los **artículos 45** y siguientes de la LEC, así como **artículo 50** y concordantes.

II.- CAPACIDAD Y LEGITIMACIÓN

Ambas partes poseen capacidad y legitimación suficiente de conformidad con lo estipulado en los **arts. 6, 10** y concordantes de la LEC. A tal respecto, el demandante está legitimado activamente para interponer la presente demanda, en su calidad de comprador del vehículo, y el demandado pasivamente, en su calidad de vendedor del mismo.

III.- REPRESENTACIÓN

Esta parte comparece debidamente representada por procurador y abogado de conformidad con lo expuestos en los **arts. 23 y 31 de la LEC**, al ser la cuantía del procedimiento superior a 2.000 euros.

IV.- PROCEDIMIENTO

El presente procedimiento será tramitado por los cauces del juicio verbal de acuerdo con lo dispuesto en el **artículo 250.2 de la LEC**, que expone que «Se decidirán también en el juicio verbal las demandas cuya cuantía no exceda de quince mil euros y no se refieran a ninguna de las materias previstas en el apartado 1 del artículo anterior» **(1)** y no siendo la materia en discusión ninguna de las referidas en el **art. 249 de la LEC**.

En cuanto al desarrollo del juicio verbal, resultan de aplicación los **artículos 437** y siguientes de la LEC.

V.- CUANTÍA

Se establece la cuantía del procedimiento en [CANTIDAD] euros, ello con relación a lo expuesto en el **artículo 253**, en concordancia con el **artículo 251**, ambos de la Ley de Enjuiciamiento Civil.

VI.- FONDO DEL ASUNTO

Artículo 1484.1 del Código Civil

«1. El vendedor estará obligado al saneamiento por los defectos ocultos que tuviere la cosa vendida, si la hacen impropia para el uso a que se la destina, o si disminuyen de tal modo este uso que, de haberlos conocido el comprador, no la habría adquirido o habría dado menos precio por ella; pero no será responsable de los defectos manifiestos o que estuvieren a la vista, ni tampoco de los que no lo estén, si el comprador es un perito que, por razón de su oficio o profesión, debía fácilmente conocerlos».

Artículo 1485 del Código Civil

«El vendedor responde al comprador del saneamiento por los vicios o defectos ocultos del animal o la cosa vendida, aunque los ignorase.

Esta disposición no regirá cuando se haya estipulado lo contrario, y el vendedor ignorara los vicios o defectos ocultos de lo vendido».

Artículo 1486 del Código Civil

«En los casos de los dos artículos anteriores, el comprador podrá optar entre desistir del contrato, abonándosele los gastos que pagó, o rebajar una cantidad proporcional del precio, a juicio de peritos.

Si el vendedor conocía los vicios o defectos ocultos de la cosa vendida y no los manifestó al comprador, tendrá éste la misma opción y además se le indemnizará de los daños y perjuicios, si optare por la rescisión».

La acción *quanti minoris* que esta parte ejercita, es esa acción que permite conseguir una rebaja proporcional del precio, consiste en que, el comprador exige del vendedor una disminución en el precio que ha pagado, quedándose con el bien adquirido. Esta rebaja es proporcional al perjuicio que tenga la cosa con respecto a su valor.

Tanto esta acción como la acción de desistir del contrato se extinguen a los seis meses desde la entrega de la cosa vendida **(art. 1490 del Código Civil)**. En este sentido, la **sentencia de la Audiencia Provincial de Alicante n.º 297/2023, de 26 de mayo, ECLI:ES:APA:2023:1087**, afirma que: «En caso de que el comprador detecte algún defecto oculto durante los seis meses posteriores a la entrega del coche, el vendedor estará obligado a responder por ello. Una vez que se realice una denuncia y se demuestre que el defecto es anterior a la compra del vehículo, el vendedor deberá abonar el importe de la reparación necesaria o rescindir el contrato de compraventa y devolver el importe de la transacción al comprador».

Por su parte también cabe destacar lo recogido por la **sentencia de la Audiencia Provincial de Alicante n.º 137/2005, de 31 de marzo, ECLI:ES:APA:2005:4370**, cuando señala que: «(...) cabe precisar que el hecho de que la referida avería no fuera conocida por el vendedor en modo alguno le exime de responsabilidad pues en las acciones ediciales, el carácter oculto debe ser considerado, en todo caso, en relación con el comprador, no con el vendedor, cuya convicción, a estos efectos, se considera irrelevante».

En el presente caso se dan todos y cada uno de los requisitos necesarios para poder ejercitar las acciones edilicias, que tal y como se recuerda en la **sentencia de la Audiencia Provincial de Valencia n.º 333/2023, de 6 de julio, ECLI:ES:APV:2023:3558** son:

«1º) La **entrega de una cosa viciada**. El vicio de la cosa puede consistir tanto en un defecto o imperfección, como en una alteración de la calidad o cualidades de la cosa o de alguno de sus componentes; siempre que disminuyan la utilidad que la cosa reporta al comprador, en atención al uso que se pactó en el contrato, o en su defecto, al que por naturaleza se destina la cosa, o de entre éstos aquél que quepa deducir de las circunstancias objetivas que inciden en el negocio (Sentencias del TS de 31 de enero de 1970 y de 3 de marzo de 2000).

2º) **El vicio ha de existir en el momento de perfección del contrato** (SSTS de 4 de octubre de 1989 y de 15 de noviembre de 1991), pues si fuese posterior serían aplicables las reglas sobre el riesgo en el contrato de compraventa (art. 1452 del CC).

3º) **El vicio ha de estar oculto**; sin que puedan ser considerados ocultos todos aquéllos que pueda apreciar fácilmente en la oportuna inspección del bien con motivo de la entrega (SSTS de 28 de mayo de 1981; de 11 de julio de 1983; de 20 de febrero de 1984 y de 28 de febrero de 1997, entre otras).

4°) **El vicio oculto ha de ser grave**: No basta cualquier clase de defecto para que entre en juego la acción de saneamiento. Es preciso que sea de una importancia tal que haga la cosa impropia para el uso al que se la destina o que disminuya de tal modo ese uso que, de haberlos conocido el comprador, no la habría adquirido o habría dado menos precio por ella».

Esta parte cumple con su obligación de acreditar que la existencia de la avería era anterior a la compra tal y como le viene siendo exigido al comprador entre otras en la **sentencia de la Audiencia Provincial de Lugo n.º 105/2023, de 27 de febrero, ECLI:ES:APLU:2023:170**, que: «(...) será el comprador/actor/recurrente quien tenga que probar que la existencia de la avería (...) era anterior a la adquisición del vehículo (...)», o en la **sentencia de la Audiencia Provincial de Cáceres n.º 23/2019, de 22 de enero, ECLI:ES:APCC:2019:140**, al señalar: «(...) a la luz de la acción formulada en la demanda no es necesario que el comprador del vehículo comunicara al vendedor ni la existencia de la avería ni que había ordenado su reparación, lo que le corresponde acreditar es la compraventa del vehículo, el cumplimiento de su obligación de pago del precio y la existencia de una importante avería en el vehículo, preexistente a la fecha del contrato, y todos estos hechos constitutivos de la pretensión han quedado plenamente acreditados, incluso hasta por el perito propuesto por la demandada».

Un vicio oculto debe considerarse como aquél que «(...) hace a la cosa impropia para el uso a que se la destina o disminuye ese uso y que, además, no pudo ser conocido por el comprador al practicar el examen de la cosa antes de su adquisición (...)» (**sentencia de la Audiencia Provincial de Madrid n.º 506/2018, de 4 de diciembre, ECLI:ES:APM:2018:16771**).

VII.- *IURA NOVIT CURIA*

En todo lo no invocado resulta de aplicación el principio *iura novit curia*, plasmado en el párrafo segundo del punto primero del **artículo 218 de la Ley de Enjuiciamiento Civil**, en virtud del cual serán aplicables las demás normas que sean de pertinente, especial o general aplicación, y que el juzgador podrá tener en cuenta de oficio sin necesidad de que hayan sido previamente alegadas o invocadas por alguna de las partes intervinientes.

VIII.- INTERESES

Artículo 1108 del Código Civil

«Si la obligación consistiere en el pago de una cantidad de dinero, y el deudor incurriere en mora, la indemnización de daños y perjuicios, no habiendo pacto en contrario, consistirá en el pago de los intereses convenidos, y a falta de convenio, en el interés legal».

IX.- COSTAS

De conformidad con el **artículo 394 de la LEC**, las costas deberás ser impuestas a la parte demandada.

Por lo expuesto,

SUPLICO AL JUZGADO:

Que tenga por presentado este escrito, con sus copias y documentos que la acompañan, se sirva admitirlo, les dé la tramitación legal pertinente y tenga por formulada **DEMANDA DE JUICIO VERBAL EN EJERCICIO DE LA ACCIÓN EDILICIA *QUANTI MINORIS*** contra el vendedor demandado don/doña [ESPECIFICAR DATOS PARTE CONTRARIA] y, en su día, y previos los trámites oportunos, se sirva dictar sentencia por la que se condene a la parte demandada a abonar a mi mandante la cantidad de [CANTIDAD_EN_LETRA] euros [CANTIDAD]€ en concepto de rebaja proporcional del precio pagado en el momento de la compra del vehículo.

Todo ello con los intereses legales pertinentes y expuestos en los fundamentos jurídicos de la presente y con expresa imposición en costas a la parte demandada.

Por ser justicia que pido en [LOCALIDAD], [FECHA]

Fdo.: D./D.ª   Fdo.: D./D.ª
[NOMBRE_ABOGADO_CLIENTE]   [NOMBRE_PROCURADOR_CLIENTE]
Col. n.º. [NÚMERO_COLEGIADO_ABO-   Col. n.º. [NÚMERO_COLEGIADO_PRO-
GADO_CLIENTE]   CURADOR_CLIENTE]

OTROSÍ DIGO: siendo intención de esta parte cumplir con todos los requisitos legales, a tenor de lo previsto en el **artículo 231 de la Ley de Enjuiciamiento Civil**, se solicita se le diere traslado de cualquier defecto que adoleciere la presente demanda, para la inmediata subsanación de la misma.

En su virtud,

SUPLICO AL JUZGADO:

Que tenga por efectuada la anterior manifestación a los efectos oportunos.

Por ser justicia que pido, fecha y lugar *ut supra*,

Fdo.: D./D.ª   Fdo.: D./D.ª
[NOMBRE_ABOGADO_CLIENTE]   [NOMBRE_PROCURADOR_CLIENTE]
Col. n.º. [NÚMERO_COLEGIADO_ABO-   Col. n.º. [NÚMERO_COLEGIADO_PRO-
GADO_CLIENTE]   CURADOR_CLIENTE]

---

(1) El RD-ley 6/2023, de 19 de diciembre, modifica el artículo 250 de la LEC con entrada en vigor el 20/03/2024. El extracto mostrado en este formulario constituye la versión vigente desde esa fecha. Hay que tener en consideración que si la cuantía superase los 15.000 € el procedimiento adecuado sería el ordinario.

Demanda contra el concesionario por la venta de un vehículo inhábil («aliud pro alio»)

AL JUZGADO DE PRIMERA INSTANCIA DE [LOCALIDAD]

Don/Doña [NOMBRE PROCURADOR CLIENTE], procurador/a de los tribunales y de **don/doña** [NOMBRE CLIENTE] en virtud de poder (*apud acta*/notarial) a mi favor conferido, copia que del mismo se acompaña como **documento n.º** [NÚMERO], bajo la dirección letrada de **don/doña** [NOMBRE ABOGADO CLIENTE], colegiado núm. [NÚMERO] por el ICA de [LUGAR], ante el juzgado comparezco y, como mejor proceda en Derecho,

DIGO

Que, mediante este escrito, presento **DEMANDA DE JUICIO VERBAL (1)** por incumplimiento contractual frente a la mercantil [NOMBRE_MERCANTIL], con domicilio en [DOMICILIO] y CIF [NÚMERO] y ello con base en los siguientes,

HECHOS

PRIMERO.- Mi representado firmó contrato de compraventa de [DESCRIPCIÓN] con don/doña [NOMBRE_REPRESENTANTE], quien actuaba en representación de la mercantil frente a la que nos dirigimos, en la fecha [DÍA] [MES] [AÑO].

SEGUNDO.- La adversa incumplió en los siguientes términos y extremos el contrato convenido con esta parte [DESCRIPCIÓN] **(2)**, de hecho, se produce una contraprestación totalmente ajena a lo que se había contratado, toda vez que el vehículo es inhábil al presentar [ESPECIFICAR_DEFECTO] lo que impide circular con el mismo.

TERCERO.- El incumplimiento manifiesto del contrato, ha producido que mi mandante no pueda utilizar el vehículo por lo que la normativa de aplicación (art. 117 del TRLGCU y concordantes) otorga a esta parte la facultad de ejercer las acciones necesarias para poner fin a esta situación de incumplimiento.

CUARTO.- El día [DÍA] de [MES] de [AÑO], mi poderdante decidió emprender las acciones legales a las que tiene acceso para romper la relación contractual que mantiene con la mercantil [NOMBRE PARTE CONTRARIA], primero de forma extrajudicial, como se demuestra de la copia del burofax con contenido certificado que se acompaña como documento n.º [NÚMERO], a lo que se ha hecho caso omiso por la contraparte, y es por ello que se presenta esta demanda.

A lo anteriores hechos, le son de aplicación los siguientes,

FUNDAMENTOS DE DERECHO

I.- JURISDICCIÓN Y COMPETENCIA

Debe entender del presente procedimiento la jurisdicción civil, de conformidad con lo dispuesto en los **arts. 9, 21 y concordantes de la Ley Orgánica del Poder Judicial (LOPJ)** así como competencia de los juzgados a los que me dirijo, de conformidad con lo dispuesto en los **arts. 45 y 51 de la Ley de Enjuiciamiento Civil (LEC)**.

II.- CAPACIDAD Y LEGITIMACIÓN

Conforme al **artículo 6 de la LEC y concordantes**, ambas partes ostentan capacidad para ser parte, así como se encuentran legitimadas de conformidad con lo dispuesto en los **arts. 10 y concordantes de la propia LEC**.

III.- CUANTÍA

Se establece la cuantía de la demanda en la cantidad de [CANTIDAD_EN_LETRA] euros ([CANTIDAD] €).

IV.- PROCEDIMIENTO

La cuantía de la demanda no supera los 15.000 euros, por lo que deberán seguirse los trámites del juicio verbal, de conformidad con el **artículo 250.2 de la LEC (3)**.

V.- POSTULACIÓN Y DEFENSA

El presente escrito, se interpone por medio de procurador y bajo la dirección de letrado conforme a lo dispuesto en los artículos 23 y 31 de la LEC.

VI.- FONDO DEL ASUNTO

Se plantea la acción resolutoria del **artículo 117 del TRLGDCU**.

Se trata de un supuesto de entrega de cosa distinta por ser inadecuada *(aliud pro alio)* a causa de un cumplimiento distinto por haber sido vendido un objeto que no resulta adecuado para el fin propuesto en la compraventa.

El *aliud pro alio*, consagrado en nuestra jurisprudencia como figura autónoma, permite acudir a la protección que dispensan los citados preceptos.

Con un criterio funcional, se ha de relacionar la figura del *aliud pro alio*, con la inadecuación de la cosa entregada para el fin que determinó su adquisición.

El vendedor ha de entregar, la cosa con las condiciones precisas para que pueda ser utilizada según su destino.

La doctrina señala que el incumplimiento contractual por prestación diversa a la acordada tiene lugar cuando se da la inhabilidad del objeto, y consiguiente insatisfacción total del comprador. El Supremo, define la existencia de la pretensión diversa como la entrega de una cosa distinta a la pactada, y como el incumplimiento por inhabilidad del objeto, o por insatisfacción del comprador.

En este caso la inhabilidad del vehículo deriva de [DESCRIPCIÓN].

En cuanto a la aplicación del TRLGDCU, partimos del hecho de que el comprador tiene en este supuesto la condición de consumidor por lo que está facultado para alegar la falta de conformidad al concurrir las condiciones del *aliud pro alio*, y así lo ha señalado la **SAP de Ourense n.º 53/2024, de 25 de enero, ECLI:ES:APOU:2024:126**, en la que se establece:

> «La falta de conformidad es un concepto jurídico que pretende describir cualquier desviación de los bienes entregados respecto de las expectativas fundadas del comprador en el contrato de compraventa, equiparándose conformidad con exacto cumplimiento del contrato, es decir, adecuada correspondencia entre la cosa que el vendedor entrega y la cosa tal y como efectivamente fue concebida por las partes en el momento de perfeccionar el contrato. Es un concepto que engloba el cumplimiento defectuoso o inexacto, los vicios o defectos de la cosa, e incluso, la prestación distinta a la pactada o "aliud pro alio". Por ello la utilización del concepto de conformidad implica suprimir el sistema especial de responsabilidad propio del saneamiento por vicios ocultos y unificar el sistema de responsabilidad por el incumplimiento de cualquier obligación en la compraventa.

La falta de conformidad es una manifestación más del incumplimiento contractual que da lugar a la aplicación del sistema general de remedios propios del incumplimiento, si bien con las particularidades propias de la naturaleza de la obligación incumplida».

El defecto que presenta el vehículo lo hace totalmente inhábil sin que sea posible la reparación del mismo, por lo que del catálogo de acciones que proporciona el art. 117 del TRLGDCU la que protege en sus interese al consumidor es la resolución del contrato de compraventa, conforme ha señalado la **SAP de Huelva n.º 668/2023, de 25 de octubre, ECLI:ES:APH:2023:1083**:

«Es cierto que el catálogo de acciones que se derivan de la falta de conformidad en la regulación contenida en el TRLGCYU exige que la resolución como alternativa satisfactiva del consumidor, venga precedida de la pretensión de reparación del bien por el profesional, que es lo que interesa el demandado en su recurso. Sin embargo, protección que dispensa la normativa de consumidores no puede generar el efecto que finalmente se produciría de impedir la resolución del contrato, cuando el objeto entregado constituye un aliud pro alio, es decir, no responde a las características pactadas y la finalidad pretendida, haciéndolo inhábil para el destino y uso pactado. La regulación del TRLGCYU pretende suavizar las exigencias del artículo 1124 del CC, pues ante defectos o falta de conformidad que en sí mismas no tengan carácter sustancial a los efectos de resolución de una obligación recíproca, se atribuye tal efecto cuando instada la reparación el profesional no la realiza o lo hace en términos gravosos para el consumidor. Sin embargo, si desde el inicio el defecto conlleva una inhabilidad del objeto en sí para el fin adquirido, un aliud pro alio, obligar al consumidor a la previa reparación para obtener el efecto resolutorio final le haría de peor condición que a un no consumidor que ejercitara la acción resolutoria al amparo del artículo 1124 del CC».

En aplicación del art. 394.1 de la LEC, deberán imponerse las costas al demandado.

VII.- *IURA NOVIT CURIA*

En todo lo no invocado resulta de aplicación el principio *iura novit curia*, plasmado en el párrafo segundo del punto primero del **artículo 218 de la Ley de Enjuiciamiento Civil**, en virtud del cual serán aplicables las demás normas que sean de pertinente, especial o general aplicación, y que el juzgador podrá tener en cuenta de oficio sin necesidad de que hayan sido previamente alegadas o invocadas por alguna de las partes intervinientes.

Por todo ello,

SUPLICO AL JUZGADO:

Que teniendo por presentado este escrito, junto con sus copias y documentos adjuntos, los admita, les de la tramitación oportuna y, previos los trámites de rigor entre los que se interesa el recibimiento del pleito a prueba, se dicte sentencia por la que, ESTIMANDO la presente demandada:

- Declare resuelto el contrato de compraventa estipulado por las partes.

- Condene a la adversa a estar y pasar por tal declaración.

- Condene a la adversa a abonar a mi mandante las cantidades entregadas en concepto de precio de venta y demás gastos, que ascienden a la cantidad de [CANTIDAD EN LETRA] euros ([CANTIDAD] €).

- Se condene a la mercantil a la indemnización de daños y perjuicios.

Todo ello con expresa condena en costas a la adversa, con todo lo demás que sea procedente en derecho.

Por ser Justicia que pido en [LUGAR], a [FECHA]

Ldo. [NOMBRE Y FIRMA LETRADO] | Proc. [NOMBRE Y FIRMA PROCURADOR]

PRIMER OTROSÍ DIGO: esta parte interesa el recibimiento del pleito a prueba, solicitando desde este momento la citación judicial del perito don/doña [NOMBRE_TESTIGO], con DNI [NÚMERO] y domicilio en [DOMICILIO_TESTIGO], para que declare sobre los hechos objeto de la demanda.

En su virtud,

SUPLICO AL JUZGADO:

Tenga por solicitado el recibimiento del pleito a prueba, procediendo a la citación del testigo solicitado.

SEGUNDO OTROSÍ DIGO: siendo intención de esta parte cumplir con todos los requisitos legales, a tenor de lo previsto en el artículo 231 de la Ley de Enjuiciamiento Civil, se solicita se le diere traslado de cualquier defecto que adoleciere la presente demanda, para la inmediata subsanación de la misma.

Por lo anterior,

SUPLICO AL JUZGADO:

Tenga por efectuada la anterior manifestación a los efectos oportunos.

Por ser justicia que pido en fecha y lugar *ut supra*.

Ldo. [NOMBRE Y FIRMA LETRADO] | Proc. [NOMBRE Y FIRMA PROCURADOR]

---

(1) La causa se tramitará según el procedimiento del juicio verbal si la cuantía del proceso no supera los 15.000€, en caso contrario deberán seguirse los trámites del procedimiento ordinario.

(2) Descripción detallada del supuesto de hecho que motiva la interposición de la demanda.

(3) El RD-ley 6/2023, de 19 de diciembre, modifica el artículo 250 de la LEC con entrada en vigor el 20/03/2024.

Recurso de apelación frente a la sentencia que estima la demanda por vicios ocultos en vehículo de segunda mano

Procedimiento: [DESCRIPCIÓN]

Número: [NÚMERO]

A LA AUDIENCIA PROVINCIAL DE [LUGAR] (1)

Don/Doña [NOMBRE_PROCURADOR], procurador/a de los tribunales, en nombre y representación de **don/doña** [NOMBRE_CLIENTE], con DNI [NÚMERO], tal como consta en los citados autos, bajo la dirección letrada de **don/doña** [NOMBRE_ABOGADO] con n.º de colegiado [NÚMERO] del ICA de [LUGAR], ante la audiencia comparezco y como mejor proceda en derecho,

DIGO

Mediante el presente escrito venimos a formular **RECURSO DE APELACIÓN**, en tiempo y forma, frente a la sentencia n.º [NÚMERO] dictada por el Juzgado de Primera Instancia n.º [NÚMERO] de [LOCALIDAD] dictada con fecha [FECHA], todo ello conforme a lo establecido en el art. 458 de la LEC y con base en las siguientes,

ALEGACIONES

PREVIA.- Con fecha [FECHA] se ha notificado a esta parte sentencia n.º [NÚMERO] dictada por el Juzgado de Primera Instancia n.º [NÚMERO] de [LOCALIDAD], en el procedimiento [ESPECIFICAR]. Se acompaña como documento n.º [NÚMERO] copia de la sentencia.

La sentencia impugnada estima la demanda presentada por don/doña [NOMBRE_PARTE_CONTRARIA] en ejercicio de las acciones edilicias del art. 1484 del CC al entender probada la existencia de vicios ocultos preexistentes en el vehículo de segunda mano objeto de compraventa.

PRIMERA.- Error en la valoración de la prueba

Esta parte recurre la sentencia por cuanto, dicho sea con los debidos respetos y a los efectos de recurso, el juzgado ha valorado erróneamente la prueba practicada en relación a la existencia de una avería en el vehículo y ello por cuanto [ESPECIFICAR] (2).

Debemos tener presente que los tribunales han reiterado que la valoración debe realizarse de manera global, tal como señala la **SAP de Madrid n.º 258/2024, de 6 de junio, ECLI:ES:APM:2024:8165**:

> «En la valoración de la prueba, además, debe prevalecer su análisis global o conjunto, sin que exista derecho estudio individual de cada elemento de prueba, y menos sin consideración a la relevancia de otras pruebas que contrarresten o desvirtúen las sesgadas conclusiones que quieran obtener las partes de forma acorde con su interés en el pleito en contraposición al criterio imparcial y objetivo del juzgador de instancia. Como expresa el Tri-

bunal Constitucional en su sentencia 138/1991, de 20 de junio, "la Constitución no garantiza que cada una de las pruebas practicadas haya de ser objeto en la sentencia de un análisis individualizado y explícito sino que, antes bien, es constitucionalmente posible una valoración conjunta de las pruebas practicadas"».

En la sentencia de instancia se ha atendido únicamente al informe pericial presentado por la parte contraria y no se ha tomado en consideración [ESPECIFICAR] **(3)**.

SEGUNDA.- No se ha probado la preexistencia de la avería

No es posible determinar la responsabilidad de saneamiento por cuanto no se ha probado en el proceso que el vicio era anterior a la venta y que no era imputable a la vetustez del vehículo.

A este respecto los tribunales han sido constantes en señalar que la compra de un vehículo de segunda mano implica su adquisición en el estado en el que se encuentra sin que pueda pretenderse un funcionamiento perfecto debido al desgaste normal del mismo, podemos referirnos en este punto a la **SAP de Granada n.º 415/2023, de 17 de octubre, ECLI:ES:APGR:2023:894**:

> «Esta Audiencia Provincial ha declarado en supuestos similares que "al efecto es de señalar que conforme a una muy reiterada doctrina jurisprudencial, la adquisición de bienes de segunda mano implica la adquisición de un cuerpo cierto, de tal forma que se adquiere en su estado actual, sin que pueda pretenderse un funcionamiento perfecto como si de una cosa nueva se tratara, de tal forma que el comprador lo adquiere a su riesgo y ventura con la sola esperanza de obtener de él un buen comportamiento, de ahí que se haya sostenido que en tales supuestos la necesidad de pequeñas reparaciones no afecta al debido cumplimiento de su obligación de entrega por parte del vendedor (STS 7-4- 1993, SAP Badajoz, 30-6-1998, Madrid, 11-5-1998 y de esta misma Sala, n.º 714/2000, de 21 de noviembre) (...)».

En este caso, el supuesto fallo alegado por la parte contraria no puede considerarse como un vicio oculto, sino que, en su caso, estaríamos ante un desgaste propio del funcionamiento del vehículo, y ello por cuanto [ESPECIFICAR].

TERCERA.- Cláusula eximente de responsabilidad

El juzgado de primera instancia no ha tenido en cuenta que en el contrato de compraventa la cláusula [ESPECIFICAR] establece que el vendedor queda exento de la garantía de vicios o defectos que surjan con posterioridad a la entrega del vehículo, con la salvedad de que los mismos fueran previos y se hubiesen ocultado con dolo o mala fe. No cabe por tanto establecer la responsabilidad del vendedor por cuanto:

- No ha quedado probado que el vicio fuera previo a la venta, por lo que, tratándose de una compraventa entre particulares **(4)**, no cabe presumir la preexistencia.

- Para el caso de que se entienda que el vicio era preexistente el vendedor no tiene responsabilidad por cuanto en ningún momento ha actuado con dolo ni mala fe.

La aplicabilidad de esta cláusula ha sido reconocida en sentencias como la **SAP de Málaga n.º 349/2024, de 14 de mayo, ECLI:ES:APMA:2024:1710**, en la que se resuelve:

> «No obstante ello, y en referencia a la cláusula sexta del contrato, que exime al vendedor de garantía por vicios o defectos que surjan con posterioridad a la entrega del vehículo, con la salvedad de que dichos vicios fueran previos y se hubiesen ocultado por el vendedor con dolo o mala fe, se ha de concluir que

tampoco cabe que el vendedor responda del vicio denunciado y ello, por lo siguiente:

- de no haber quedado demostrado que es un vicio previo a la venta, no cabe más que concluir que ha sido posterior, por lo que se excluye, en este caso, la responsabilidad del vendedor;

- de haber sido previo, solo responde el vendedor si lo hubiese ocultado al comprador con malas artes, esto es, con dolo o mala fe. De las conversaciones mantenidas entre ambas partes, cabe concluir que el vendedor nunca actuó de mala fe o con dolo, pues no queda patente, sino todo lo contrario, que conociera que su vehículo tenía un defecto tal que pudiera invalidarlo para su uso, siendo totalmente ajeno a su existencia, de haber sido previa, sin que en su uso hubiese notado ese tipo de avería y mostrándose dispuesto a buscar una explicación y solución al problema.

Por todo ello, este segundo motivo de apelación debe ser estimado y, en su consecuencia, desestimada la demanda, con imposición de costas de primera instancia a la parte demandante».

Por lo expuesto,

SUPLICO A LA AUDIENCIA:

Que tenga por presentado este escrito, lo admita junto con sus documentos y copias, tenga por interpuesto **RECURSO DE APELACIÓN**, contra la sentencia n.º [NÚMERO] dictada por el Juzgado de Primera Instancia n.º [NÚMERO] de [LOCALIDAD] y previos los trámites legales oportunos dicte sentencia acordando revocar la sentencia de instancia, con estimación del recurso de apelación e imposición de costas a la adversa.

Por ser justicia que pido en [LUGAR], a [FECHA]

[FIRMA_ABOGADO] [FIRMA_PROCURADOR]

---

(1) Con la nueva redacción del art. 458 de la LEC, en vigor desde el 20/03/2024, dada por el RD-ley 6/2023, de 19 de diciembre, el recurso de apelación debe presentarse ante el tribunal que conoce del recurso.

(2) En este apartado debe concretarse el motivo por el cual se entiende que se ha valorado erróneamente la prueba (por ejemplo: el informe pericial presentado se basa en un presupuesto del taller en los que no constan los datos identificativos del vehículo).

(3) Concretar las pruebas que se consideren que no se han tenido en cuenta (por ejemplo: el informe de revisión realizado previamente a la venta del vehículo).

(4) Para el caso de que la compraventa sea con un empresario debemos tener en cuenta la presunción de preexistencia que establece el **art. 121.1 del TRLGDCU**.

Oposición al recurso de apelación contra sentencia que estima la demanda por vicios ocultos por una alteración del kilometraje en un coche de segunda mano

PROCEDIMIENTO: [NÚMERO/AÑO]

NIG: [ESPECIFICAR]

A LA AUDIENCIA PROVINCIAL DE [PROVINCIA] (1)

Don/Doña [NOMBRE_PROCURADOR_CLIENTE], procurador/a de los tribunales y de **don/doña** [NOMBRE_CLIENTE], según tengo acreditado en los autos de juicio [ESPECIFICAR] señalados con el número [NÚMERO], bajo la dirección letrada de **don/doña** [NOMBRE_ABOGADO_CLIENTE], ante esta audiencia comparezco y como mejor proceda en derecho,

DIGO

Que, dentro del plazo legal conferido a esta parte, formalizo **ESCRITO DE OPOSICIÓN AL RECURSO DE APELACIÓN** interpuesto por don/doña [NOMBRE_PARTE_CONTRARIA], de conformidad con lo dispuesto en el art. 461 de la LEC, con base en las siguientes,

ALEGACIONES

PREVIA.- Presupuesto procesal e inadmisión del recurso

Siendo por quien comparezco parte actora en el procedimiento [PROCEDIMIENTO], resuelto en primera instancia con sentencia estimatoria de su pretensión, se reúnen los presupuestos subjetivos y objetivos para presentar ante la Audiencia el escrito de oposición al recurso de apelación interpuesto por la parte demandada, don/doña [NOMBRE_PARTE_CONTRARIA], contra la referida sentencia del Juzgado de Primera Instancia n.º [NÚMERO] de [LOCALIDAD] n.º [NÚMERO], de [FECHA], en virtud de la cual se declaró el carácter de vicios ocultos de los defectos que presentaba el vehículo [ESPECIFICAR], y se reconocía el derecho de mi mandante a desistir del contrato.

Con carácter previo al examen de los motivos de fondos, debe valorarse que el recurso interpuesto por la parte apelante debe ser inadmitido de plano por haberse presentado fuera del plazo habilitado al efecto conforme al **art. 458 de la LEC**, que dispone que:

> «1. El recurso de apelación se interpondrá, cumpliendo en su caso con lo dispuesto en el artículo 276, ante el tribunal que sea competente para conocer del mismo, en el plazo de **veinte días** desde la **notificación de la resolución** impugnada, debiendo acompañarse copia de dicha resolución».

PRIMERA.- Valoración de la actividad probatoria

Manifestamos discrepancia con la censura que mantiene el recurso de la parte condenada acerca de la valoración probatoria efectuada de [ESPECIFICAR] y de [ES-

PECIFICAR], puesto que ni fueron las únicas pruebas que en la sentencia recurrida se ponderan, ni de la conjunta y libre valoración de todas las practicadas puede concluirse de manera distinta a como se hace en dicha sentencia.

La prueba impugnada de adverso fue correctamente valorada, toda vez que [ESPECIFICAR].

Con base en lo anterior, concluye correctamente el juzgador *a quo* que la parte demandada es responsable de haber procedido a la venta de un vehículo en el que se había producido una alteración del kilometraje, lo que, a la vista de las pruebas aportadas, y de las practicadas en el acto del juicio, ha quedado sobradamente acreditado. El hecho de que el vendedor conociese o no dicha alteración, no resulta relevante a los efectos de declarar la resolución del contrato.

Cabe recordar que el **artículo 1484.1 del Código Civil** dispone que:

> «1. El vendedor estará obligado al saneamiento por los defectos ocultos que tuviere la cosa vendida, si la hacen impropia para el uso a que se la destina, o si disminuyen de tal modo este uso que, de haberlos conocido el comprador, no la habría adquirido o habría dado menos precio por ella; pero no será responsable de los defectos manifiestos o que estuvieren a la vista, ni tampoco de los que no lo estén, si el comprador es un perito que, por razón de su oficio o profesión, debía fácilmente conocerlos».

Y que el **artículo 1486 del Código Civil** establece:

> «En los casos de los dos artículos anteriores, el comprador podrá optar entre desistir del contrato, abonándosele los gastos que pagó, o rebajar una cantidad proporcional del precio, a juicio de peritos.
> Si el vendedor conocía los vicios o defectos ocultos de la cosa vendida y no los manifestó al comprador, tendrá éste la misma opción y además se le indemnizará de los daños y perjuicios, si optare por la rescisión».

Al hilo de los citados preceptos, la **Audiencia Provincial de Madrid en su sentencia n.º 267/2023, de 6 de julio, ECLI:ES:APM:2023:12863**, recoge que la alteración del kilometraje supone en si misma un vicio oculto:

> «Quedando probada la manipulación del cuenta kilómetros, resulta indiferente en qué momento se haya producido la alteración del mismo, lo determinante es que, existiendo dicha manipulación, a partir de entonces no existe constancia de cuál sea el kilometraje real del automóvil vendido.
> La imposibilidad de determinar el kilometraje real supone por sí misma un vicio oculto que impide conocer un dato tan esencial para un automóvil como es su kilometraje, dato que determina la posible vida útil del vehículo y la probabilidad de que tenga que ser sometido a un mayor o menor número de reparaciones a consecuencia del desgaste por uso del mismo. Se trata, en consecuencia, de un vicio oculto invalidante, ya que no existe motivo para dudar que, de haber sido conocido, el automóvil no se habría adquirido o lo habría sido por un precio significativamente inferior».

También cabe traer a colación la **sentencia de la Audiencia Provincial de Oviedo n.º 143/2021, de 20 de abril, ECLI:ES:APO:2021:1216**, en la que se señala que:

> «En este caso, el Aliud pro alio viene a ser la falta de correspondencia objetiva entre lo pactado y lo entregado por la alteración del kilometraje del vehículo objeto de venta de segunda mano que ha de entenderse como algo más que una cualidad accidental del vehículo y considerar que se entregó una cosa dis-

tinta de la pactada (aliud pro alio) ya que kilometraje de un vehículo de segunda mano constituye un elemento esencial de la identidad del vehículo mismo y no puede entenderse que el comprador lo hubiese comprado o hubiese pagado el precio acordado de haberse conocido su kilometraje real, lo que, sin dudas hubiera traducido en una radical desvalorización del vehículo, por lo que el precio pagado supone una quiebra radical de los principio de equivalencia y reciprocidad en las prestaciones del contrato de compraventa.

En este sentido, la jurisprudencia resulta pacífica a favor de resolver el contrato, por aliud pro alio en caso de manipulación relevante del kilometraje del vehículo, por entender comúnmente un supuesto de entrega de una cosa por otra».

Con relación a la **valoración** interesada que el recurrente pretende realizar de los informes periciales, cabe destacar que los mismos son claros al confirmar la existencia de un vicio oculto anterior a la venta, y que mi mandante no podía haber detectado a simple vista. Además, no podemos olvidar que los tribunales son contundentes a la hora de referirse a la valoración de la prueba en segunda instancia, pudiendo citar la **sentencia de la Audiencia Provincial de Madrid n.º 281/2023, de 5 de mayo, ECLI:ES:APM:2023:7685**, en la que se afirma:

«En cuanto a la valoración de los informes periciales, como ya ha declarado esta Sala en numerosas sentencias: "Las pruebas periciales obrantes en autos han de ser valorados según las reglas de la sana crítica, de acuerdo con lo establecido en el artículo 348 L.E.CivLegislación citadaLEC art. 348 . y recogido en la jurisprudencia del Tribunal Supremo, que en sentencia de 30 de julio de 2.008 se pronuncia en los siguientes términos: "esta Sala tiene declarado que la prueba pericial debe ser apreciada por el Juzgador según las reglas de la sana crítica, pero sin estar obligado a sujetarse al dictamen pericial, y sin que se permita la impugnación casacional a menos que la misma sea **contraria en sus conclusiones a la racionalidad y se conculquen las más elementales directrices de la lógica**", como ya se indicó por el Alto Tribunal en sentencias de 13 de febrero de 1.990, 29 de enero de 1.991, 11 de octubre de 1.994, 1 de marzo y 23 de abril de 2.004 Jurisprudencia citadaSTS, Sala de lo Civil, Sección 1ª, 23-04-2004 (rec. 1060/1998), 28 de octubre de 2.005, 22 de marzo, 25 de mayo, 15 de junio, 20 de julio y 17 de noviembre de 2.006, 12 de abril, 20 de junio y 29 de noviembre de 2.007 y 29 de mayo de 2.008"»

También **la sentencia de la Audiencia Provincial de Islas Baleares n.º 208/2024, de 10 de abril, ECLI:ES:APIB:2024:908**, se refiere a la valoración de la prueba en los siguientes términos:

«Para declarar la existencia de defecto en el motor del vehículo la Sentencia de primera instancia acude al informe pericial que se une a la demanda firmado por el Sr. Rodrigo en valoración que la Sala comparte. Sobre la valoración de este medio de prueba tiene reiterado esta Sala asumiendo la doctrina jurisprudencial que sobre la cuestión se contiene en la STS de 15 de diciembre de 2.015:

"En nuestro sistema procesal, como es sabido, viene siendo tradicional sujetar la **valoración de prueba pericial a las reglas de la sana crítica**. El artículo 632 de la LEC anterior establecía que los jueces y tribunales valorasen la prueba pericial según las reglas de la sana crítica, sin estar obligados a someterse al dictamen de peritos, y la nueva LEC, en su artículo 348 de un modo incluso más escueto, se limita a prescribir que el Tribunal valorará los dictámenes periciales según las reglas de la sana crítica, no cambiando, por tanto, los criterios de valoración respecto a la LEC anterior.

Aplicando estas reglas, el Tribunal, al valorar la prueba por medio de dictamen de peritos, deberá ponderar, entre otras cosas, las siguientes cuestiones:

1°.-Los razonamientos que contengan los dictámenes y los que se hayan vertido en el acto del juicio o vista en el interrogatorio de los peritos, pudiendo no aceptar el resultado de un dictamen o aceptarlo, o incluso aceptar el resultado de un dictamen por estar mejor fundamentado que otro: STS 10 de febrero de 1.994 (/848).

2°.-Deberá también tener en cuenta el tribunal las conclusiones conformes y mayoritarias que resulten tanto de los dictámenes emitidos por peritos designados por las partes como de los dictámenes emitidos por peritos designados por el Tribunal, motivando su decisión cuando no esté de acuerdo con las conclusiones mayoritarias de los dictámenes: STS 4 de diciembre de 1.989 (/8793).

3°.-Otro factor a ponderar por el Tribunal deberá ser el examen de las operaciones periciales que se hayan llevado a cabo por los peritos que hayan intervenido en el proceso, los medios o instrumentos empleados y los datos en los que se sustenten sus dictámenes: STS 28 de enero de 1.995 (/179).

4°-También deberá ponderar el tribunal, al valorar los dictámenes, la competencia profesional de los peritos que los hayan emitido así como todas las circunstancias que hagan presumir su objetividad, lo que le puede llevar en el sistema de la nueva LEC a que dé más crédito a los dictámenes de los peritos designados por el tribunal que a los aportados por las partes: STS 31 de marzo de 1.997 (/2542).

La jurisprudencia entiende que en la valoración de la prueba por medio de dictamen de peritos se vulneran las reglas de la sana crítica:

1°.-Cuando no consta en la sentencia valoración alguna en torno al resultado del dictamen pericial. STS 17 de junio de 1.996 (/5071).

2°.-Cuando se prescinde del contenido del dictamen, omitiendo datos, alterándolo, deduciendo del mismo conclusiones distintas, valorándolo incoherentemente, etc. STS 20 de mayo de 1.996 (3878).

3°.-Cuando, sin haberse producido en el proceso dictámenes contradictorios, el tribunal en base a los mismos, llega a conclusiones distintas de las de los dictámenes: STS 7 de enero de 1.991 (/109).

4°.- Cuando los razonamientos del tribunal en torno a los dictámenes atenten contra la lógica y la racionalidad; o sean arbitrarios, incoherentes y contradictorios o lleven al absurdo.

Cuando los razonamientos del tribunal en torno a los dictámenes atenten contra la lógica y la racionalidad: STS 11 de abril de 1.998 (/2387).

Cuando los razonamientos del Tribunal en torno a los dictámenes sean arbitrarios, incoherentes y contradictorios: STS 13 de julio de 1995 (/6002). Cuando los razonamientos del tribunal en torno a los dictámenes lleven al absurdo: STS 15 de julio de 1.988 (/57 17).

Así, en conclusión, las partes, en virtud del principio dispositivo y de rogación, pueden aportar prueba pertinente, siendo su valoración competencia de los Tribunales, sin que sea lícito tratar de imponerla a los juzgadores. Por lo que se refiere al recurso de apelación debe tenerse en cuenta el citado principio de que el juzgador que recibe prueba puede valorarla aunque nunca de manera arbitraria".

Las alegaciones que se vierten en el escrito de recurso no alteran la valoración del medio de prueba».

Aplicando esta doctrina a nuestro caso concreto cabe afirmar que el juzgador *a quo* ha realizado una correcta valoración de toda la prueba practicada, y más concretamente del informe pericial aportado, siendo sus conclusiones razonables y adecuadas al caso, lo que conlleva que deba de confirmarse la sentencia dictada por ser la misma ajustada a derecho.

SEGUNDA.- De las pruebas presentadas y solicitadas de adverso

Deben inadmitirse las pruebas presentadas y/o solicitadas por incumplimiento del **artículo 460 de la LEC**, que establece:

«1. Sólo podrán acompañarse al escrito de interposición los documentos que se encuentren en alguno de los casos previstos en el artículo 270 y que no hayan podido aportarse en la primera instancia.

2. En el escrito de interposición se podrá pedir, además, la práctica en segunda instancia de las pruebas siguientes:

1.ª Las que hubieren sido indebidamente denegadas en la primera instancia, siempre que se hubiere intentado la reposición de la resolución denegatoria o se hubiere formulado la oportuna protesta en la vista.

2.ª Las propuestas y admitidas en la primera instancia que, por cualquier causa no imputable al que las hubiere solicitado, no hubieren podido practicarse, ni siquiera como diligencias finales.

3.ª Las que se refieran a hechos de relevancia para la decisión del pleito ocurridos después del comienzo del plazo para dictar sentencia en la primera instancia o antes de dicho término siempre que, en este último caso, la parte justifique que ha tenido conocimiento de ellos con posterioridad.

3. El demandado declarado en rebeldía que, por cualquier causa que no le sea imputable, se hubiere personado en los autos después del momento establecido para proponer la prueba en la primera instancia podrá pedir en la segunda que se practique toda la que convenga a su derecho».

TERCERO.– Pruebas

De conformidad con el **artículo 460 de la LEC** se presentan/solicitan las siguientes pruebas:

- [ESPECIFICAR]

CUARTO.- Costas procesales

Como debe inadmitirse el recurso, las costas serán impuestas al recurrente, según establece el art. 394.1 de la LEC, al que se remite el **art. 398.1 de la LEC**.

En virtud de cuanto antecede,

SUPLICO A LA AUDIENCIA:

Que, teniendo por presentado este escrito en tiempo y forma, que se ha trasladado en términos del art. 276 de la LEC al/a la procurador/a de la parte recurrente, se sirva admitirlo y tener por deducida **OPOSICIÓN AL RECURSO DE APELACIÓN** y, seguido que sea el legal procedimiento, dicte auto que inadmita el recurso de apelación inicial, o para el caso de que se admita, dicte sentencia que lo desestime en su integridad, confirmando la sentencia n.º [SENTENCIA_NÚMERO], dictada en fecha de [FECHA], en los autos del procedimiento n.º [NÚMERO/AÑO], por el Juzgado de Primera Instancia n.º [NÚMERO] de [LOCALIDAD], todo ello con imposición de las costas a la recurrente.

Es Justicia que pido en [LOCALIDAD], a [FECHA].

FIRMA ABOGADO | FIRMA PROCURADOR

---

(1) De acuerdo con la nueva redacción del art. 461 LEC, en vigor desde el 20/03/2024, por la modificación operada ex RD-ley 6/2023, de 19 de diciembre, el escrito de oposición al recurso de apelación se presenta ante el tribunal que conoce del recurso.

Cód. 01-04.